ICONOCLASTES

Collection dirigée par
Alain Laurent
et Pierre Lemieux

LE PARTI
D'EN JOUIR

Du même auteur

L'Autre France, la presse parallèle, Stock, 1975.

Le Livre des possibilités, Robert Laffont, 1976.

La Guerre des autres, roman, Albin Michel, 1977.

Les 180 jours de Mitterrand, sous le pseudonyme de Philippe de Commynes, Belfond, 1977.

Vivre plus, R. Laffont, 1980.

Rien ne va plus, sous le pseudonyme de Philippe Mura, Olivier Orban, 1981.

De la reconquête et De la reconnaissance, sous le pseudonyme de Caton, Fayard, 1983.

Manuel d'instruction civique pour temps ingouvernables, Grasset, 1985.

Les blessures d'Eros, Balland, 1987.

Qui choisir ? Comment acheter votre prochain président de la République sans risque, Cogite-Robert Laffont, 1987.

La France des Seigneurs, ouvrage collectif, Cogite-Robert Laffont, 1989.

Comment aider Mitterrand à sauver le capitalisme en France, Albin Michel, 1989.

Ruminations divines, Fayard, 1990.

La mémoire des palaces, Fayard, 1991.

ANDRÉ BERCOFF

LE PARTI D'EN JOUIR

« Tout endroit
où vous posez vos pas
est
un territoire libéré. »

Les Belles Lettres

1992

© 1992. Société d'édition Les Belles Lettres,
95, boulevard Raspail 75006 Paris.

ISBN : 2-251-39012-X

Attention : danger. Il est temps de réagir. Nous dormions, persuadés que les bastilles de la censure, de l'ordre moral et de la limitation des libertés avaient été toutes prises et détruites. Erreur. Les procès télévisés made in USA où l'exhibitionnisme tarifé vend sa camelote aux voyeurismes frustrés ; la plêïade d'interdictions en tout genre concoctées par ceux qui savent mieux que nous ce qui nous convient et qui sont prêts, les bons apôtres, à nous mutiler « pour notre bien » : les machines castratrices se sont remises en marche, tant il est vrai que le bon contrôle des citoyens passe par la surveillance vigilante et culpabilisatrice de leurs fors intérieurs. Les peine-à-jouir, les fesse-mathieux, les télévangélistes relèvent la tête et cherchent une fois de plus à nous faire prendre leurs vessies pour des lanternes et la séropositivité pour une punition divine. Selon ces zombies noirs et barbus, faire l'amour en dehors des passages cloutés est plus que jamais péché mortel, mais utiliser le préservatif reste un crime contre l'humanité puisque le dessein divin exige que la planète soit bientôt peuplée de vingt milliards d'habitants. Comment les nourrir ? Comment les faire vivre ? Dieu y pourvoiera.

Il y a cinq ans paraissait, sous la signature de Casanova, un livre intitulé les Blessures d'Eros[1]. Il se voulait manifeste de l'amour fou et de la jouissance infinie face au danger mortel du virus du sida. Casanova avait quelques longueurs d'avance. L'enfer du virus, c'était alors les autres. Aujourd'hui, j'ai décidé, en reprenant certains thèmes et textes de ce casanova dont j'avais été à l'époque la plume fidèle, d'écrire une défense argumentée de notre droit imprescriptible à tous les bonheurs.Le temps presse. Il urge plus que jamais de

1 Editions Balland.

D'EN JOUIR

promouvoir le parti d'en jouir et de danser glorieusement sur le champ de mines en prouvant que l'on peut tout faire et prudence garder, au nom de la seule religion qui nous intéresse : celle de la vie.

Il fait sombre ? La bêtise au front de taureau de l'intégrisme et du fanatisme nous guette ? Nous la combattrons sabre au clair et gai savoir à la bouche. Entre deux mots, nous choisirons toujours le plus excessif. Rien ne doit être épargné quand il s'agit de défendre nos bonheurs menacés.

Tout endroit où vous posez vos pas est un territoire libéré. Défendez-le. Comment ? Voici les instruments.

A.B.
Février 1992

ENVOI

Il était temps. Secoués par la sinistrose, rongés par la névrose, menacés par la cirrhose et le poing dans la gueule de la rose, nous n'en pouvions soi-disant mais. Tout implosait : la politique et la culture, les médias et la finance. Discours sur le peu de réalité : Paretti et Maxwell écoulaient tranquillement des tonnes de dollars non chauffés, et le Centre international de transfusion fiduciaire (pour parler franchement votre argent m'intéresse), ne prêtait comme d'habitude qu'aux riches. Saluons avec ferveur la grande époque des vrais faux passeports, des vraies fausses fortunes, des vraies fausses valeurs. Adam Jetset et Eve Hétaïre s'ébattaient gaiement sur les plages mordorées des paradis fiscaux. Nous vivions le temps de la société sans sanction. Le capitalisme est-il moral ? se demandaient quelques milli-maîtres à penser dans le papier glacé des magazines économiques. Cependant que nous étions plus stars que jamais au moins un quart d'heure dans nos vies, que les sectes du tiercé, du loto et de la roue de la fortune prospéraient sublimement sur le petit écran argenté de nos nuits sans Histoire. On s'étripait en Yougoslavie, on se massacrait au Pakistan, on s'allumait dans le désert : aucune importance, sinon pour le spectacle. Nous réclamions sans trop d'empressement le droit d'ingérence par médecins interpo-sés. Ceux-ci nous donnaient bonne conscience à 15 ou 20 francs le chèque postal. Nous avions peur de tout : intégrismes, poseurs de bombes, pollution pourrisseuse d'air et d'aliments, virus porteurs de mort. Mais nous faisions bonne figure.

Soyons francs, mes petits chéris :

l'Europe des coffres-forts et des ANPE ne nous faisait guère bander. Pour nous, c'était effectivement la fin de l'histoire. Dans la débâcle des grands desseins et des rugueuses certitudes, ne demeurait que la culture têtue et égoïste de nos bonheurs individuels, familiaux, tribaux. Parlez-moi de moi, il n'y a que ça qui m'intéresse, disions-nous aux confesseurs psy, aux dealers conjugaux, aux politiques qui avaient, au mieux, réussi à se déguiser en assistantes sociales. Certes, de temps à autre, quelques casseurs banlieusards et une théorie de lycéens en colère, sans parler des monologuistes du métropolitain, venaient rappeler que tout n'allait pas pour le mieux dans le meilleurs des hexagones ; certes, le taux de consommation d'héroïne dépasse, et de loin, celui de la Blédine, cependant que les enfants errants de Bogota se font quotidiennement massacrer par les escadrons colombiens de la mort considérée comme la meilleure manière de faire l'aumône. De la vie vécue comme un long métrage. Et alors ? Nous étions sûrs, citoyens de la partie la plus nantie du monde, d'avoir les bonbons, esquimaux, caramels, chocolats de l'entracte. En attendant le retour de la politique qui ne saurait tarder, nous nous détournions des joutes électorales comme le passant évite soigneusement les étrons canins ; marcher du pied gauche sur un bulletin de vote ne portait même plus chance. Nous étions doux et polis, civilisés et las, faisions semblant de nous amuser dans les boîtes, de boire comme Hemingway et de copuler par nécessité aérobique. La décennie du simulacre eut bonne mine, qui enterra à la fois nos velléités d'action et nos vieux manichéismes, l'homme d'affaires et l'homme de fer, l'URSS et les *Golden Boys*. La grande lessive.

Que reste-t-il de nos amours à l'heure où les préservatifs idéologiques font la grève du zèle, et où les mots charcutés, dénaturés, prostitués, retournés, déformés, demandent, dans un râle, la paix des braves et la trêve des confiseurs ? Eh bien, il nous reste le plaisir. La formidable culture des sens. Entonnons ici le chant des partisans du goût, de l'odorat, de la vue, du toucher et de l'ouïe. Faisons surgir le mouvement qui déplace les lignes de fracture et les erreurs rances des frustrés de toutes couleurs.

Il y a encore un quart de siècle, il était seyant de détruire. Le négatif, comme disait un situationniste aussi talentueux que paranoïaque, avait pris ses quartiers du côté de la Rive Gauche : on allait voir ce qu'on allait voir. De fait, quelques bastilles vermoulues furent emportées légitimement par le vol des pavés et l'âcre et enivrant parfum des nouvelles formulations. La gauche de papa gagna le pouvoir et perdit sa raison d'être, la droite de grand-père se découvrit un sérum bogomoletz du côté de Vichy. Culpabilisation, immigration, intégration, nation, machination, corruption, tout se déclina sans peine, sauf Révolution, partie dégoûtée sans laisser d'adresse. Les orphelins venaient aux nouvelles, mi-inquiets mi-rassurés sur leurs fins de mois ; les pétitions perdirent leurs signataires, les partis traditionnels leurs adhérents. Les ramasseurs de vérités premières se réfugièrent dans le giron de l'ordre moral et du Travail-Famille-Patrie, laxatifs toujours efficaces face au danger d'occlusion neuronale. Les quêteurs de l'âge d'or rejoignirent la nature qui t'invite et qui t'aime et qui te repeint en vert, couleur de l'espérance. Tout cela, avouons-le, au fond, en dépit de nos gesticulations et professions de foi diverses, nous emmerdait prodigieusement.

Le parti d'en jouir ne peut recruter que des individus ayant décidé de vivre pleinement, attentivement, durablement, toutes leurs possibilités. Il est pour l'extension des libertés et des responsabilités, et contre tout ce qui, dès l'enfance, nous mutile : l'autocensure, clef de l'éducation, est la mère de tous les vices. Nous ne pouvons agir sur le monde qu'en agissant sur nous-mêmes : truisme qu'il est temps de passer tout cru au laser de la jouissance. Contrairement à ce qu' avancent quelques penseurs auto-proclamés pour qui tout est déjà gagné, l'incarnation des fantasmes amoureux et de la pulsion de vie reste à ce jour aussi glorieusement subversive qu'il y a deux siècles : si les costumes ont changé, l'intensité continue de déranger. C'est ici et maintenant qu'il faut agir pour libérer le Sud de son esclavage mental où le maintiennent encore des intégrismes religieux et étatiques qui ne supportent pas la formidable énergie libérée par le plaisir. Il n'est que de contempler le sort de millions de femmes dans certains pays du tiers-monde pour prendre conscience de l'immensité de la tâche. Et paraphrasant notre premier ministre de la Culture, avançons sans crainte d'être démenti que le

XXIe siècle sera voluptueux ou ne
sera pas.

Tout part, en effet, de la conscience de sa propre liberté et surtout de la nécessité de son incarnation. Nous est quotidiennement
exhibé le désespoir tranquille ou
violent des militants du suicide qui
font plus parler d'eux que les adhérents au parti d'en vivre ; la vitesse
essaie de remplacer la mémoire et
l'instantanéité fugace des images le
dispute à l'effort de réflexion et de
mise en perspective, sans lequel
rien de solide ne se peut construire.
Tout commence par l'inventaire
ludique et raisonné de tous les sens,
afin de bâtir et d'ouvrir cet espace
vital qui, loin d'être un instrument
de conquête et de domination,
représente le plus sûr garant de
l'épanouissement de chacun, condi-
tion nécessaire d'une possible
liberté à conquérir en permanence.
Qui ne s'aime pas détestera les
autres ; qui se méprise ou se sous-
estime aura tendance à se renfermer
dans un front du refus d'autant plus

virulent qu'il se fonde sur la conscience douloureuse de ses manques ; qui aura intégré le rapetissement des jivaros du conformisme mental et de l'arrivisme considéré comme un des beauxarts, aura d'énormes difficultés à ôter ses œillères et décoller des boules Quiès qu'on lui aura présentées comme indispensables à sa survie. Lire un bon livre, déguster un grand cru, admirer un paysage, caresser une peau aimée, baigner dans de sublimes mélodies, se regorger de senteurs rares, cela est à la portée de chacun ; il suffit de le vouloir, et surtout de prendre le temps de vivre et de laisser perdurer en soi l'immense palette des émotions que l'on partagera ensuite, naturellement, avec les acteurs choisis de sa proximité. Cette démarche n'a rien en soi d'original ou de révolutionnaire : elle a été heureusement pratiquée, depuis toujours, par ceux qui ont fait, avec des souffrances et des bonheurs divers, l'apprentissage des chemins de leur liberté. Mais en ces temps où l'on veut nous faire croire que tous les chats sont gris et qu'il n'y a qu'à attendre le miracle venu d'on ne sait où, la tête dans le trou de la Sécurité Sociale, le sexe bien protégé par une ceinture de chasteté et les bras liés dans le dos pour mieux sautiller en rang — et que pas une idée ne dépasse — il serait grand temps de se réapproprier le territoire érotique et dyonisiaque, en se foutant éperdument de l'opinion et des avis de quiconque voudrait régenter ne fût-ce qu'un segment de notre existence. Avancer toutes voiles dehors, tous pores ouverts, oreilles et queues dressées, narines à l'affût, regards clairs : le monde, en dépit — ou plutôt à cause — de sa programmation/informatisation mise en code — nous appartient plus que jamais. A nous d'utiliser l'apport des technologies les plus modernes, les acquis des enseignements les plus sophistiqués, les connaissances les plus avancées, les synthèses les plus hardies pour les mettre au service de la vie, de l'euphorie, et du rire toujours aussi libérateur.

Le parti d'en jouir suppose des volontés librement consenties, sachant s'adonner tour à tour ou simultanément à l'effort et à la décontraction, à l'apprentissage de l'amour et à l'amour de l'apprentissage, au devoir d'émerveillement et à l'utopie considérée comme un moment de la vérité. Nous ne le répéterons jamais assez : les dictatures qui ensanglantent encore trop de latitudes ne prospèrent que dans la haine de soi et la mutilation des consciences et des libidos ; la connerie individuelle ou institutionnalisée s'épanouit surtout dans les champs noirs de la frustration. Le renouveau du crétinisme nationaliste et xénophobe, les jappements de plus en plus aigus des roquets de l'exclusion et du racisme, au Nord comme au Sud, à l'Est comme à l'Ouest, sont tolérés par la lâcheté des uns et approuvés par les refoulements des autres.

LE PARTI

Seule la liberté pleine et entière de celui qui fait la preuve d'une cohérence entre paroles et actes, entre corps et pensée, de celui qui, comme on dit, se sent « bien dans sa peau », peut permettre de stopper, voire de juguler, ces marées noires. Il y a vingt ans, on disait déjà que la lutte des classes se conjuguait désormais à la première personne ; aujourd'hui, il ne s'agit plus de classes mais bien du devoir de bonheur que tous ceux qui ont quitté les buissons de la faim et du minimum vital se doivent d'accomplir, faute de laisser passer le sanglant cortège de la régression.

L'apologie des sens est éminemment politique. Elle suscite naturellement le refus rieur de la norme, l'examen critique permanent de ce qui est. Nulle institution, nul être, ne méritent le respect en raison de leur prestige, leur statut ou le luxe de leur niche ; la recherche du bonheur et de l'extension permanente de nos potentialités d'existence et de jouissance incitent naturellement à la contestation tranquille des vérités soi-disant révélées. L'homme et la femme qui savent prendre leur plaisir comme il vient et où il se trouve désertent ipso facto l'immense cohorte des moutons de Panurge ; la recherche aigue d'une consommation intelligente et sélective aiguise l'esprit critique, et maintient sexe et pensée en éveil. La marchandise jadis tant vitupérée peut devenir une arme efficace dans le combat contre les totalitarismes religieux et idolâtres. Le droit de choisir contient en lui-même beaucoup plus d'humanité que le devoir de subir. Ne jamais oublier qu'on ne naît pas libre : on le devient, en déplaçant les signes culturellement tracés. C'est une banalité de base que l'on n'est pas responsable de sa naissance, de son environnement socio-familial, de son éducation première et de ses parcours d'enfant et d'adolescent ; mais il est tout aussi évident — et connu — que la liberté commence à partir du moment où on se distancie

de sa programmation pour y intro-
duire la fulguration de sa propre
volonté enfin reconnue, de son
identité enfin construite. Comment
nier que dans cet itinéraire d'initia-
tion, que dans ces rites de passage à
gué, le plaisir puisse jouer un rôle
fondamental ? Pas d'invention, pas
de créativité, sans cette autonomie
jouissive des sens portés à incandes-
cence. Homme libre, toujours tu
chériras ta chair. Et celle des autres
que tu auras et qui t'auront choisi.

Mais, depuis une dizaine
d'années, une ombre noire s'est
étendue peu à peu sur nos plaines.
Mal qui répand la terreur, et que le
ciel en sa fureur... Attention danger. Voici ce qu'écrivait, en 1895,
Oscar Panizza, l'auteur du
« Concile d'amour » :

« Vous savez, messieurs, qu'à la
fin du XVe siècle, en Italie d'abord,
en Allemagne ensuite, apparut une
maladie de forme épidémique qui
exerçait sur le corps humain les
plus terribles ravages. A l'origine, il
semble qu'elle ne se soit pas propa-

gée par les contacts sexuels ; mais par la suite elle se répandit presque exclusivement par cette voie, atteignant toutes les classes, du haut en bas de la société. On l'appelait vérole. En vérité, on ne savait pas d'où elle venait. L'impression causée sur les esprits fut énorme. Les chroniques de l'époque sont pleines d'effroyables descriptions touchant les dévastations qu'elle causait au physique, comme au moral. Il n'existait pas de remède et quant à fuir, il ne fallait pas y songer. En un certain sens, cette maladie était pire que la « peste noire » ; là, en effet, on connaissait la marche de l'épidémie et l'on pouvait se réfugier dans un pays qu'elle avait épargné ; tandis que la vérole apparut presque simultanément partout. Et comme c'est toujours le cas lorsqu'on est à court d'explications scientifiques, on trouva une explication céleste de ce mal ; on crut à l'époque que la vérole était un châtiment divin. Et comme on découvrit bien vite ses rapports avec le commerce sexuel, on déclara que Dieu infligeait ce châtiment aux hommes pour punir leurs aberrations, leurs excès sexuels, d'où le nom allemand de « Lustseuche » (maladie du plaisir). »

Elle court, elle court, la maladie du plaisir et attriste quelque peu les comportements, mais allons-nous céder à la morosité ? Allons-nous accepter de nous laisser abattre par les corbeaux de mauvais augure ? Que nenni. Le parti d'en jouir se doit de réagir. Ce livre est le manifeste d'une résistance qui ne fait que commencer.

1

J'entends d'ici les clameurs indignées qui nous traiteront de paranos, de maniaques de la persécution et autres plaisants qualificatifs : mais que racontez-vous ? Nous sommes en démocratie. Chacun peut faire ce qu'il veut de sa vie privée. Vous oubliez le Premier Amendement, l'Habeas Corpus, la déclaration des doigts de l'homme et autres nobles conquêtes de la liberté que notre devoir sacré nous commande de défendre jusqu'à la mort. Certes, la France n'est pas l'Amérique, et qu'un homme politique broute dans les vertes prairies de l'adultère ne provoque pas, Zeus merci, les bêlements des moutons puritains qui semblent se démultiplier de l'autre côté de l'Atlantique. L'agression sexuelle et toutes formes de violence exercées par un être humain envers un autre doivent être condamnées immédiatement et les coupables très sévèrement sanctionnés ; j'irai même jusqu'à suggérer que les violeurs soient à leur tour violés — par tous instruments idoines — sur les lieux mêmes de leur méfait. Mais qu'un juriste raconte à sa secrétaire le film pornographique qu'il a vu hier soir, et que celle-ci y trouve matière à harcèlement sexuel procède d'une toute autre intention : si le fait d'afficher sur le mur de son bureau une jolie fille nue ou un homme fortement déshabillé suffit à vous faire traiter d'obsédé sexuel et à vous pénaliser en tant que tel, c'est que l'ère du soupçon s'est métamorphosée subrepticement, inéluctablement, en aire d'inquisition.

Je séjournais, il y a quelques mois, à San Luis Obispo, en Californie. Arrivé dans un restaurant, j'allume une cigarette. La serveuse se précipite et m'explique que je ne peux pas fumer ici. Je lui demande

poliment de m'indiquer la « smoking section ». Elle me répond qu'il
n'y en a pas et qu'il s'agit d'un
restaurant non-fumeur. Je me lève
et m'enquiers des adresses d'autres
restaurants où l'on peut fumer
avant ou après le repas.

— Il n'y en a pas, Monsieur.
Toute la ville est non smoking.
Vous pouvez fumer chez vous, et
nulle part ailleurs. »

De fait, ayant commis l'acte le
plus subversif du monde qui
consistait à allumer une Gitane
dans la rue, je me vis fusiller du
regard par de nombreux passants.
Il est bon que l'on nous prévienne
contre les dangers du tabac et de
l'alcool, il est sain que l'on informe
sur les risques de la trop grande
absorption de nicotine et de pastis.
Mais faut-il pour cela empêcher des
adultes de faire ce qu'ils veulent de
leur vie et de leurs inclinations, de
leurs plaisirs et de leurs dilections ?
Ira-t-on jusqu'à la prohibition des
cigarettes et la disparition des bistros comme on le fait pour le canna-

bis et autres substances ? Il y a, dans cette décision de légiférer sur ce qui appartient au domaine du libre choix et de la volonté de chacun, quelque chose d'extrêmement inquiétant. Ce n'est point par hasard que toutes les dictatures fascistes ou collectivistes, militaires ou religieuses, commencent par l'interdiction de toute expression érotique, que ce soit par le texte ou par l'image. L'obéissance du plus grand nombre passe, aux yeux des maîtres à front de bœuf, par l'écrasement des libidos et des pulsions de vie libres, c'est-à-dire d'existences fondées sur l'autonomie du choix et l'exploration individuelle de ses propres limites, sans oukase ni réglement extérieur. Dans le même temps où l'on proclame la mort des grands systèmes et des idéologies totalitaires, un certain purisme qui préfère — et de loin — la nature à l'homme prétend enserrer celui-ci dans un réseau de contraintes de plus en plus serré, sous le noble et évident prétexte de sauver la planète. On perçoit bien ce qui fait courir un certain nombre de ces khmers verts : la propreté de l'environnement vaut bien quelques sacrifices, et la Terre doit durer plus longtemps que ses habitants. Les hommes peuvent fort bien connaître le sort des dinosaures et nulle étoile ne se souviendra d'un astre mort qui abrita Shakespeare et Rimbaud, Dante et Hugo, Aristote et Einstein. On taxe les minitels roses, on abolit toute polémique, on enveloppe, on encapuchonne, on met sous vide. Pendant que le Sud meurt de faim et de maladie à cause de l'incurie profonde et du pillage organisé par ses classes dirigeantes, les résidences de luxe du Nord s'enferment douillettement dans leur néant aseptisé : pas de vagues, l'essentiel est de survivre en attendant la reprise. Faites un effort : comptez vos calories, votre taux de cholestérol, vos hydrates de carbone, vos matières grasses, vos rides, vos bourrelets, inquiétez-vous et consultez. La forme, vous dis-je, la forme. Comptez vos mégots quotidiens, faites radiographier vos poumons. Analysez vos orgasmes, ne prenez aucun risque, car il court, il court, le virus.

Lu dans *Le Monde* du 9 février 1992 : « Le fameux Centre de contrôle des maladies infectieuses (CDC) d'Atlanta serait-il à son tour atteint par la vague de puritanisme qui submerge actuellement les Etats-Unis ?... Dans un article publié par leur revue hebdomadaire, les responsables du CDC énumèrent les objectifs de santé publique qu'il conviendrait d'atteindre d'ici à l'an 2 000, au premier rang desquels on note une « diminution de la proportion d'adolescents ayant des relations sexuelles. » Comment parvenir à ce que, fort pudiquement, les auteurs appellent un « changement de comportement » ? Tout simplement au moyen de « programmes d'éducation » — auxquels devront collaborer les parents, les familles,

les enseignants, les organisations religieuses, les associations et les médias — « *fournissant aux adolescents la connaissance, les dispositions d'esprit et les compétences techniques dont ils ont besoin pour s'abstenir de toute relation sexuelle* ».

Le fait que l'une des institutions médicales les plus célèbres du monde en arrive à recommander l'abstinence prouve, s'il en était encore besoin, à quel degré d'aberration peut mener le souci légitime de prévention contre une maladie hélas encore mortelle. La vérité est que la liberté de disposer de son propre corps et de ses propres inclinations reste encore une conquête fragile, contestée, et qu'un certain nombre d'institutions et de pouvoirs n'ont pas encore, loin s'en faut, acceptée. Le bonheur d'être, le plaisir d'aimer, la joie d'exister ne pourront jamais se mettre en cartes perforées ou en statistiques prévisionnelles, ce qui emmerde profondément tous ceux — et ils sont nombreux — pour qui nous ne sommes sur terre que pour travailler, subir et obéir. D'où l'urgence d'une résistance permanente et d'une vigilance accrue. Le combat pour le plaisir, qu'on le veuille ou non, est un combat politique. Et point n'est besoin de retourner à Wilhelm Reich et aux soixante-huitards pour s'armer. Aujourd'hui, ce ne sont pas les références philosophiques ou littéraires qui comptent, mais le détournement des technologies et des arsenaux juridiques et médiatiques de contrôle, au bénéfice des efflorescences illuminées de l'amour dans tous ses états.

2

Longtemps, nous fûmes les maîtres. Avec la pilule, nous pûmes enfin faire l'amour sans que pèse sur nous, effilée et insidieuse, l'épée de Damoclès de la procréation ; avec les récentes manipulations génétiques qui permirent l'apparition du père donneur et de la mère porteuse, nous pouvions également procréer sans faire l'amour. Pour parler franchement, votre semence m'intéresse : les banques spécialisées bouclaient la boucle inaugurée voici vingt-cinq ans par Dame Pilule. Miracle de la science et de la technique appliquées aux jeux séculaires des cours d'amour, abolition du hasard géniteur par le coup de dés du laboratoire : nous maîtrisions. Libres de donner la vie ou de jouir sans conséquences, libres d'enfanter avec un partenaire stérile, ou de louer pour un bail de neuf mois renouvelable par consentement mutuel une matrice accueillante heureusement transformée en résidence secondaire.

Nous avions tout prévu. Nous étions les nantis béats d'une sexualité désormais en cartes perforées, ce qui n'empêchait certes pas les sentiments : stakhanovistes du corps à corps dès la nuit tombée, nous pouvions au crépuscule invoquer notre fiancée à travers les branchages fleuris ; nous assistions, bouche en cœur et sourire aux lèvres, aux furieuses polémiques qui opposaient les tenants du nouveau désordre amoureux aux sexologues militants de l'orgasme pour tous. Journaux, radios, et même, télévisions nous enseignaient les mille et une positions, cependant que le Kama-Soutra devenait une annexe nécessaire du Code civil, et que tout ce que vous vouliez savoir sur le sexe sans oser le demander se déroulait en soupirs et râles, cris et chuchotements, sur votre magnéto-scope. Le communisme sexuel jadis réservé aux aristocrates sadiens puis aux grands bourgeois de l'industrie, de la finance et des pro-fessions libérales, se démocratisait à toute allure dans les gîtes ruraux les plus reculés, grâce aux petites annonces des journaux spécialisés. Mais en même temps, par réaction naturelle, une jeunesse redécou-vrait le romantisme, les fleurs exquises du sentiment, la fidélité choisie enfin après avoir été si long-temps subie. Non, clamait-elle, nous ne nous laisserons pas embri-gader dans les bataillons totalitaires du docteur Wilhelm Reich et de son énergie orgastique, nous refusons la dictature belliqueuse des ayatollahs de la corvée de jouissance : la libé-ration sexuelle, durement acquise après les prises de toutes les Bas-tilles et les serrements de tous les jeux de paumes, d'accord ; mais cette liberté elle-même fondait la nécessité des jalousies — angoisses

— colères — tristesses — douceurs — ivresses — nostalgies — attentes d'une carte du tendre que rien ni personne n'allait pouvoir brouiller. Tout allait pour le mieux dans le meilleur des mondes amoureux : nous pouvions être, si cœur et corps nous en disaient, nouveaux chastes le matin, adultérins à midi, sado-masochistes au crépuscule, séducteurs au dîner, libertins à minuit, avant d'être transformés en citrouille obsessionnelle par une Cendrillon libérée.

Car elles n'étaient plus si fragiles, les dames de la renaissance sexuelle, devenues super-women réussies et stressées, et Georges Bataille nous semblait loin, qui liait le coït à la transgression et au sacrilège ; le fameux judéo-christianisme, ce pelé, ce galeux, d'où venait toute la peine à jouir, n'intéressait plus que quelques communistes repentis et deux ou trois candidats à l'Académie. Foucault et Baudrillard pouvaient polémiquer sur l'histoire de la sexualité, Ménie

D'EN JOUIR

Grégoire perdre son emploi au confessionnal de l'entre-deux, les bureaucrates de la sexologie pratique s'agiter en tous sens et le vicaire de Saint-Nicolas-du-Chardonnet lancer des anathèmes contre l'IVG, Veil l'avorteuse, l'école sans Dieu, et la messe en punk-rock, nous nous en fichions avec la bonne conscience que procure la fabuleuse liberté de choisir. Et le Tristan de Saint-Ouen pouvait emmener son Yseult au Kursaal-Palace voir Emmanuelle s'envoyer en l'air pour la pénultième fois dans les khlongs de Bangkok : cela ne modifiait aucunement la dimension poétique de leurs rapports.

Il en est même qui poussèrent plus loin le défi : « No sex in the eighties », guitaraient-ils électriquement. Les juvéniles espions de la new wave venaient du froid des synthétiseurs pour annoncer l'étrange nouvelle : l'éclat des corps emmêlés, la moiteur des joutes amoureuses, les sublimes guirlandes des draps froissés passaient désormais pour eux au second plan. De s'être ainsi médiatisé, théorisé, exhibé, comptabilisé, désacralisé, le sexe devenait pour eux menue monnaie de la vie, institution en déconfiture, krach de 1929 à la bourse des valeurs essentielles.

Eh oui ! Finis, apparemment les rudes labeurs de la conquête, les stratégies à long terme, les tactiques de rencontres, de séduction, d'occupation du terrain avant la chute finale, reddition inconditionnelle du doux adversaire sur les seuls champs de bataille qui nous importaient : ceux de l'alcôve. A l'époque, pour les libertins brevetés ou apprentis, l'amour était la continuation de la guerre par d'autres moyens. Une fois la citadelle prise, le pillage des richesses opéré avec soin, acharnement et précision, ils laissaient la victime à ses pleurs pour voguer vers d'autres rivages.

Bénie soit la vertu assez haute pour exiger de qui la veut vaincre des qualités exceptionnelles ! Plus que l'art, l'amour signe la dimension d'éternité qui n'est nulle part ailleurs que dans ce monde. Combien de corps phosphorescents de plaisir, illuminés par la longue théorie des flammes complices, engrangèrent l'absolu, l'espace d'un instant de sage folie ! Que d'œuvres sublimes faites puis défaites dans les mitans du lit, dans les champs de beaux déshonneurs, dans les boudoirs philosophes, les balançoires acrobatiques, les sièges des fiacres, les étables où le regard neutre des vaches s'embuait soudain d'une indicible émotion à la vue d'un spectacle tout de même plus excitant que celui du train à grande vitesse, les salons particuliers des restaurants sur les miroirs desquels les madones du dining essayaient leurs diamants, les avions au long cours où l'hôtesse s'abandonnait, et les portes cochères, les bancs des squares, les moquettes des bureaux où s'exerce encore le droit de cuissage inclus dans les décharges sociales ! Reconnaissons-le : nous fûmes à la fois grandioses et sordides, Pâris et Pécuchet, don juans irrépressibles ou serviteurs honteux de ce que les faquins appelaient perversions. Amiel l'écrivait déjà : que d'énergies dépensées, que de temps gaspillé, que d'efforts accomplis, que d'intrigues et de détours pour quelques gouttes blanchâtres semées à tous vents ! Qu'importe ce grincheux : si, le premier, le génial marquis embastillé explora l'étendue de nos labyrinthes souterrains, nous devînmes tous sur le divan de Sigmund des juifs viennois à complexes enfin justifiés. Nous sniffâmes la ligne juste du docteur Freud, qui nous expliquait le naturel d'une fellation intime par la bouche d'ombre. Les pulsions irraisonnées, la passion d'Œdipe, l'envie de renaître amoureusement avec le divin enfant, le choix de son propre sexe comme obscur objet du désir, les amours ancillaires et la soumission aux pères sévères, tout s'éclairait, sinon se justifiait : la libido première, telle qu'en elle-même son histoire s'illuminait du néon multicolore de la psychanalyse.

Quels que soient les excès des Trissotin de l'inconscient et de leurs descendants, quelques grotesques qu'aient été les débordements du marketing de la représentation sexuelle envahissant les supermarchés classés « X » des imbéciles opuscules visant à satisfaire sa partenaire en dix leçons, aux remèdes miracles contre l'impuissance en passant par les pommades extatiques, les comprimés érotiques, et les sirops tantriques (une cuillerée entre les repas) — les hommes et les femmes de notre cher Occident se retrouvèrent fort pourvus. La croissance jouissive se maintenait au rythme satisfaisant de 6 % par an, la France éternelle exportait ses produits érotiques plus efficacement que ses automobiles, et les foyers de la société post-industrielle s'équipaient bien au-delà du minimum vital : réfrigérateur, crèmes de massage, machines à laver, vibrateurs, téléphone, godemichets, lave-vaisselle, martinets, télévision, vidéo-cassettes à gorge profonde, four à micro-ondes, cuisine aphrodisiaque. A l'heure des cosmonautes vaillants et des alunissages en douceur, nos fusées personnalisées permettaient toutes les dérives. Certes, la politique devenait combat de nègres aveugles dans les tunnels des idéologies défuntes, l'économie faisait eau de toute part, le terrorisme frappait lâchement et la pollution nous renvoyait les images peu ragoûtantes de poissons irradiés agonisant dans l'or du Rhin devenu catafalque chimique, et déversoir terrifiant de l'imbécillité productrice. Mais cet enfer touchait les autres. Pas nous. Nous, nous étions les maîtres. Sur cette planète en turbulence sépulcrale, nous décidions souverainement de notre vie privée. Sauf à nous en remettre aux dictateurs abhorrés qui sévirent il y a quelques décennies, nous n'allions plus laisser personne envahir les doux territoires de nos batifolages. Faire l'amour comme nous voulions, où nous voulions, quand nous le désirions ; arrêter quand bon nous semble, ne négliger aucun creux ou arrondi, respirer les pleins comme les déliés, obstruer toutes les ouvertures, humer toutes les odeurs, boire tous les liquides, ne rien se refuser, ou tout écarter, à notre convenance ; et pour nous encourager dans ces bons chemins de la liberté, Laclos et Mirabeau, D.H. Lawrence et Henry Miller, de Crébillon fils à Guillaume Apollinaire, en passant par Aragon qui, chantant les yeux d'Elsa, n'oublia jamais le con d'Irène. Et dans le pas de deux séculaire entre esprit libre et père la pudeur, plaisir et censure, morale intime et vice d'Etat, la marge de manœuvre grandissait magnifiquement. Le péché n'avait plus besoin de miséricorde, ni la grâce de rédemption : les romans d'amour se raréfiaient — les corps heureux n'ont pas d'histoire.

C'est alors que surgit la crise.

3

Nous n'avons pas vraiment le cœur à rire. La pièce était parfaite, le texte cohérent et nous nous étions allégrement distribué les rôles, dans cette mosaïque délirante qui fit l'orgueil de la culture occidentale et qui, si l'Europe continue à vivre après être devenue un Botswana mélancolique et languissant, fera les délices des riches Japonais et Coréens venant jeter des cacahuètes d'or à nos intellectuels en cage, qui leur réciteront savamment les alluvions contrastées de la sexualité made in the West : les machines désirantes. L'économie libidinale. La maman et la putain. Masters et Johnson. Durée de l'orgasme. Taille du pénis. Planification des préliminaires. Nuits de Chine, nuits câlines. Je vais et je viens entre tes reins. Je bande donc je suis. Le point G, le plateau, le clito, le vibro, le petit oiseau. Le refoulement de la sexualité a été organisé par la bourgeoisie pour forcer le prolétaire à mettre toutes ses énergies au service de la production matérielle. La civilisation occidentale, à travers le non-dit du discours, s'est assignée à la sexualité. Ejaculation prématurée. Frigidité. Impuissance. A tout instant, il se passe quelque chose aux galeries de vos fantasmes. Le retour du couple. La nouvelle famille. Les jeunes choisissent la tendresse. Jouir sans entraves ? Il me faut des entraves pour jouir, dit Marie, vingt-deux ans. Vous les femmes. C'est mon homme. Combien d'orgasmes par semaine ? Y a-t-il un pilote dans votre lit ? Le Torchon Brûle, journal menstruel. Enrichissons-nous de nos différences. I am proud of my gay son. Les homosexuels sont enfin sortis du ghetto. Les femmes préfèrent les femmes. Maître, trente-huit

ans, grand, brun, cherche esclave
soumise. Débutantes acceptées.
Ecrire au journal qui transmettra.
Isabelle, je t'aime. Signé : Ali. Il
n'y a plus d'hommes. Il n'y a plus
de femmes. La vraie nature de Ber-
nadette est androgyne. J'aime,
Adalbert, ce qu'il y a de féminin en
vous. Je révère, France-Constance,
ce qu'il y a de masculin en vous.
C'est un homme à femmes. C'est
une femme à poigne. Deux mille
ans d'interdits font enfin naufrage
sur l'iceberg immaculé du savoir-
aimer. Oui, mais la disparition du
tabou n'annihile-t-elle pas le désir,
et la sexualité ainsi promenée sur
tous les trottoirs de la marchandise n'a-t-elle point perdu de
son charme ? Mais non, chers
confrères, les perversions poly-
morphes ne s'éteignent pas forcément sous les projecteurs de l'éluci-
dation scientifique. L'imaginaire
ne se peut transformer par décret.

Ainsi glosait-on en ce XXᵉ siècle
finissant, sur les mille et une façons
d'aborder la terra de moins en

moins incognita du sexe à la portée de tous. Puis, soudain, patatras ! Voici qu'arrive la nouvelle peste, le terrible visiteur du soir, souple et changeant comme un furet malade, le nouveau fléau contre lequel nulle parade n'a été jusqu'ici découverte. Qui aurait pu prévoir que les années 80, actives, technologiques et gaies, frappées au sceau du jeune créateur d'entreprise et du battant avide de conquérir les marchés extérieurs, allaient, en cédant la place aux années 90, être les témoins terrifiés de l'apparition d'une nouvelle syphilis, au moins aussi monstrueuse que la funeste invention du diable de Panizza ? Dans *Le Concile d'Amour*, Dieu enjoint expressément au diable de ne pas faire mourir illico les hommes et les femmes afin qu'ils puissent se racheter et mériter, à force de souffrances et de supplications, leur part de Purgatoire. Aujourd'hui, « la nature nous laisse à nos propres forces ; Dieu a décroché son téléphone et le temps presse » (Arthur Koestler). Nous vivions sécurisés, socialement et sanitairement, dans le moelleux cocon du remboursement garanti par la mutuelle complémentaire, du tiers-payant, de l'Assedic, de l'Unedic. En Occident, monsieur, personne ne meurt de faim : cette douleur est réservée aux populations basanées que l'on contemple chaque soir sur nos petits écrans, à l'heure du rôti-purée. La réouverture des soupes populaires aux USA et le lancement des Restaurants du Cœur en France, montrèrent assez vite que nul n'était à l'abri de la triste rétrospective Cosette — Jean Valjean. A un bout de la ligne, le chômage et la fin des garanties ; à l'autre, la bombe nucléaire et le fantasme brumeux de l'anéantissement, « le seul véritable gouvernement unifié de la planète », selon l'expression de René Girard.

Monotonie apocalyptique des téléscripteurs : les dépenses militaires dans le monde se montent à un million de dollars par minute. Il existe quatre tonnes d'explosif par habitant de la planète. Quinze millions de personnes — dont cinq millions d'enfants — meurent de faim chaque année. L'endettement des pays du Tiers-Monde se monte à mille milliards de dollars. Foin de ce pessimisme, souriaient pourtant les plus belles dentitions télévisées. Nous nous revêtirons de strass et de paillettes pour mieux danser funk sur le volcan. Continuons de nous promener érotiquement dans le toi pendant que le vous n'y est pas. Car enfin, il nous reste notre pétrole national, notre puits cartésien, notre énergie solaire : l'amour, toujours l'amour...

Défaire l'amour, il y en a un qui connaît ça très bien : il s'appelle HIV. Baptisé américain, of course, bien qu'un Français l'ait découvert le premier : Human Immuno-deficiency Virus.

Depuis que le fléau est apparu, il y a une dizaine d'années, biologie et médecine, ces Starsky et Hutch de notre survie individuelle, ont réussi après une traque admirable à le définir et à le pister. Depuis sept ans, nous pouvons, grâce à un examen de sang, savoir si nous sommes « séropositifs », c'est-à-dire, grâce aux traces des anticorps, si nous avons en nous le virus. Les séropositifs peuvent transmettre celui-ci à n'importe quel partenaire sexuel, puisqu'il est admis que le virus ne circule à son aise que dans le sang et dans le sperme, ainsi que dans les sécrétions vaginales. Les « séropos » sont donc une population à risques d'autant plus élevés qu'ils sont difficiles à dépister. Le docteur Halfdan Mahler, ex-directeur général de l'Organisation Mondiale de la Santé, déclarait il y a quelques années : « Nous nous trouvons en présence d'une pandémie, c'est-à-dire d'une maladie contagieuse qui frappe l'humanité toute entière. » Et de donner des chiffres particulièrement révélateurs : il y aurait actuellement 340 000 malades du SIDA et 10 millions de séropositifs.

Le directeur de l'OMS ajoutait que si l'on ne trouvait pas rapidement de parade efficace, il y aurait dans dix ans, de par le monde, 40 millions de personnes affectées par le virus HIV ! Et d'avouer : « J'ai gravement sous-estimé le phénomène. » 40 millions de séropositifs, dont 10 millions d'enfants...

Au début, les « normaux » se frottèrent les yeux. Se grattèrent les narines. Se demandèrent si le SIDA, né, selon toute vraisemblance, des amours illégitimes d'un singe vert et d'un paysan africain, pouvait décemment les concerner. Enquêtes, témoignages, reportages, entretiens, se multipliaient pour démontrer que le rétro-virus fou frappait exclusivement les marginaux, les malades, les non conformes, et naturellement les métèques. Les quatre h, comme on disait : homosexuels, héroïnomanes, hémophiles, Haïtiens. « Le cancer gay », lisait-on dans les gazettes libérées. Evidemment, ces gens-là ne font rien comme tout le monde, on sait ce qui se passe dans les back-rooms de leurs boîtes spécialisées, dans les saunas et les hammams de la promiscuité délirante, où ils s'entremêlent dans des orgies de sexe et de sang, de sperme et d'urine, de jeux de mains éminemment vilains. Il suffisait de descendre dans les toilettes d'un cinéma spécialisé dans les films homos classés X pour recevoir dix propositions simultanées de contacts immédiats. Ces gens ne coïtaient que dans le sens contraire à la nature, évitant comme la peste toute possibilité de procréation ; on a beau être tolérant, ouvert, moderne, comment ne pas voir dans cette affreuse épidémie le signe d'une vengeance divine ? De même que la pénétration sodomite, la pénétration par la seringue se voyait condamnée aux affres purulentes d'une sanction implacable. Chacun savait que l'héroïne, c'est la mort ; mais qui aurait pensé qu'elle serait également chargée de l'Attila des virus ? Quant aux pauvres hémophiles, ils n'en pouvaient mais, soumis qu'ils étaient à la roulette russe de la transfusion sanguine[1].

Même les enfants, ces symboles de l'innocence, étaient frappés. Doublement : soit par un sang impur abreuvant leurs sillons, soit par une mère séro-positive qui, à son insu, donnait ainsi la mort en même temps que la vie.

L'inquiétude grandissait. Le couperet ne faisait pas le détail. Aucune ségrégation de classe, de race ou d'ethnie : à Kinshasa comme à Stockholm, à Paris comme à San Francisco, à Berlin comme à New York, la pieuvre déployait sans cesse ses tentacules. Tant que ceux-ci ne semblaient étreindre que les pédés, les nègres et les toxicos, nos bonnes âmes ne s'en inquiétaient pas outre mesure. Certes,

1. On a vu à quel degré de criminelle imbécilité pouvait arriver la rentabilité bureaucratique et le désir de présenter des bons résultats, notamment du côté du Centre National de la Transfusion Sanguine... Comme toujours, on répond qu'à l'époque, on ne savait pas.

que tel philosophe célèbre, tel chanteur en vogue, tel acteur à succès, succombassent à la maladie de la mort lente ne laissait pas d'émouvoir, et le spectacle d'un Rock Hudson, exsangue, avouant courageusement l'origine de son mal, avait ému l'opinion publique, en même temps qu'il donnait le départ à l'insidieuse prolifération des « rumeurs ». Eh oui ! le judéochristianisme se portait bien, merci ; ces dieux et déesses de l'Olympe, choyés par les médias, étalant leur vie privée à longueur de colonnes, sautant d'un Jet à l'autre pour poser aux Seychelles ou à Marrakech devant les palaces, il fallait bien qu'il leur arrive aussi malheur ; il fallait que le sida s'en prenne également à la beauté, à la richesse et au succès ; ce Tout-Paris ne vivait pas sainement : il avait tort : on le lui fit bien voir. Et par le plus raffiné des supplices — celui des vertiges de l'amour. Ah ! vous jouissiez, dit la fourmi à la cigale, eh bien, mourez maintenant...

LE PARTI

Michel Foucault, Jean-Paul Aron, Hervé Guibert : trois grands écrivains victimes du même fléau. Les deux derniers en firent plus qu'une confession : une œuvre d'art qui, au-delà de toute spécificité sexuelle, touchait immanquablement ce qu'il y a en nous d'humain. Grâce à eux, et à la force de leurs témoignages, la présence HIV s'inscrivit violemment, inéluctablement, au long de nos horizons mentaux.

Horrible avatar de la métaphore, propre à fournir un matériau philosophique en or aux cavaliers conceptuels de l'Apocalypse now. Petite mort deviendra grande, pourvu que rétro-virus lui prête forme. Et le subtil Georges Bataille ne définissait-il point l'éjaculation comme « l'approbation de la mort dans son accomplissement même » ? Et Jean Baudrillard n'at-il point énoncé que « le sexe, comme l'homme, ou comme le social, peut n'avoir qu'un temps » ? L'Occident sûr de lui et dominateur s'était assigné le sexe comme finalité consommatrice et couronnement festif de sa supériorité intrinsèque pour ce qui concerne le bien-être du citoyen. Or ne voilà-t-il pas qu'un HIV au goût étrange venu d'ailleurs remettait en question vingt-cinq ans d'une libération des mœurs durement conquise...

D'autant plus que les bonnes âmes de la « normalité » durent très vite déchanter : en Afrique centrale, le sida se transmettait principalement par voie hétérosexuelle, notamment par les plantureuses « boutiques-mon-cul » des trottoirs de Nairobi ou de Lagos, empoisonnant des contingents entiers de militaires, de diplomates, de coopérants, qui, revenus chez eux, ont peut-être eu le temps de sévir avant d'être mûrement examinés. Selon les estimations les plus fiables, il y aurait en Afrique dix millions de « séropositifs », bombes ambulantes, prêtes, faute d'hygiène et de dépistage suffisants, à faire des petits. Et sans jouer les diseurs de mauvaise aventure, l'Afrique est plus proche que nous ne le pensons ; du jour où, en Europe et aux USA, la proportion d'hétérosexuels orthodoxes, ni hémophiles, ni noirs, ni drogués, a commencé à monter inexorablement au tableau des victimes du SIDA, chacun a compris qu'il fallait désormais apprendre à vivre avec ce ténébreux nuage dans l'air du temps.

La conférence de presse du basketteur noir américain Magic Johnson a, qu'on le veuille ou pas, opéré un véritable tournant. Grand sportif, idole des jeunes, cet athlète complet, hétérosexuel convaincu et qui, selon tous les témoignages, ne s'était jamais drogué, avouait sa séropositivité transmise par l'une de ses partenaires ; Magic Johnson signait la fin de l'exception et paraphait la certitude que désormais, et jusqu'à la découverte officielle d'un vaccin, nul aventurier du sexe n'était à l'abri.

Les officiels du ministère de la Santé partent en campagne, les médecins médecinent leurs conseils, les spécialistes inquiètent et rassurent, les lycées s'interrogent, les universités commandent des albums de bandes dessinées, les professeurs se recyclent, la peur monte. Les deux pigeons, qui s'aiment toujours d'amour tendre, exigent à présent l'un de l'autre fidélité et test de dépistage, les préservatifs s'arborent comme des badges dans les boîtes branchées, et la moindre tache sur une épaule nue provoque un interrogatoire pascalien sur le passé de la suspecte. La méfiance s'installe, les solitudes se construisent, les coexistences inertes s'organisent dans un décor machiné par les Minitel, les vidéocassettes et les téléphones peu enclins jusqu'ici à transmettre le virus. Allons-nous céder à la panique ambiante ? Allons-nous devenir les fœtus apeurés d'un pays transformé en camp de concentration aseptisé, chacun sous la cloche de verre et les séro-pos au sidatorium ? Que nenni ! Le parti d'en jouir affirme la nécessité absolue et sans cesse renouvelée de l'amour fou, sous toutes ses formes, dans les difficiles années à venir, en attendant le sérum salvateur. Amants de tous les pays, unissez-vous pour résister à cette gigantesque atteinte au moral des troupes. Les rôles ont changé, et les figures, et les situations. Mais la petite musique des intimités en harmonie, comme les sublimes embrasements des corps livrés au plaisir survivront quand même au dernier déluge à la mode. Il ne sera pas dit que nous nous inclinerons sans combat devant les spectres aux doigts crochus de la peur et du renoncement. HIV est habile ? Le virus change de forme, ruse, mute, court, déprogramme et divise pour mieux régner ? Nous serons à notre tour guerriers sioux sur le sentier de l'autodéfense, et faute d'un affrontement par trop hasardeux, contournerons l'adversaire en réinventant les mille et une lois du plaisir imaginatif. Nous serons joueurs de go, souples, opportunistes, et adaptés. Pas de panique : voici les nouvelles règles du je. Que le temps soit au gris n'est pas une raison, nous semble-t-il, pour manquer de tenue.

4

Vieille histoire du corps humain compartimenté par les dieux. Partie haute : penser, aimer, prier, respirer ; partie basse : éjaculer, uriner, déféquer, marcher. Ligne de démarcation monothéiste traversant le plexus solaire. Ciel des élans sublimes, du travail intellectuel, de la noblesse d'âme et des brûlures du cœur ; Terre-réceptacle des déchets du grossier appétit humain : sexe et bouffe, chaudron du corps, siège des impuretés. Seule partie basse échappant à l'opprobre : le ventre de la femme, uniquement considéré comme maison de reproduction de l'espèce. Sinon, pour toute autre utilisation, antichambre du péché et premier cercle de l'enfer.

Nouvelle histoire du corps humain réunifié par la vie, et le génie des spéléologues de la psyché. Plus de haut ni de bas, de noble ni de vulgaire, de spirituel ni d'organique, mais la nécessité d'une harmonisation toujours plus forte de toutes ses richesses, sauf à laisser vaincre la maladie, trop souvent fruit amer d'une rupture intérieure, et d'une négation institutionnalisée d'un moi que les autorités religieuses, politiques, familiales ou juridiques n'eurent de cesse de diviser.

Heureusement pour l'humanité, se levèrent, dès l'aube des premiers empires, les premiers révoltés, les militants du hors-norme, passeurs de ligne, valseurs d'étiquettes, affoleurs des boussoles morales et cléricales, trafiquants en fausse dévotion et fantasques exhibitionnistes du retour de tous les refoulés : transgresseurs. Le Moyen Age les brûla, le Siècle des Lumières les embastilla, la société industrielle les censura : ils allaient quand même, aimant, écrivant, se jouant allégrement des codes et des interdits, rusant avec la loi et jonglant avec les églises, préparer l'impressionnante démocratisation de l'hédonisme de notre siècle.

Les ethnologues eurent beau jeu de souligner les passionnantes convergences entre certaines tribus de Mélanésie et de l'Inde septentrionale (Tobriandais et Murias) et les grands rassemblements communautaires du printemps hippie : depuis des siècles, ces populations dites « primitives » pratiquaient une liberté sexuelle sans nuage, un véritable communisme désirant, très loin de toute honte culpabilisante, bonheur simple d'enfants qui s'aiment, et qui firent longtemps rêver Claude Lévi-Strauss. Quelle signification peut revêtir le mot « transgression » quand les interdits n'existent pas ? Hormis le tabou de l'inceste, les jeunes Murias, dans leurs gothuls (dortoirs) s'adonnaient à l'amour librement consenti, avec échange recommandé de partenaires, sans avoir demandé la permission à

Freud, Reich, ou au divin marquis. En revanche, de ce côté-ci de l'Equateur, les libertins professionnels, formés à l'école de Sade, Laclos, Crébillon et Bataille, s'inquiétaient : si le trône et l'autel ne représentent plus l'ombre du commencement d'un pouvoir de dissuasion, si la vertu féminine a été reléguée au magasin des accessoires, si l'idéologie dominante insiste sur la célébration du corps sain, sportif, et sexuellement équilibré, où est le triomphe ? L'acte héroïque bravant les foudres divines, et par-dessus tout l'insurpassable excitation qui consiste, en foulant aux pieds la morale établie, à jouir dans la relative clandestinité de « ce qui ne se fait pas », tout cela avait sombré corps et biens ; certains, écœurés, se retirèrent au mont Athos. D'autres noceurs politico-sexuels s'établirent en usine, et se firent prêtres-ouvriers. Devenus incapables de pratiquer le coït avec la ferveur d'antan, des plumitifs écrivirent leurs mémoires avec un sens aigu du marketing. Mais les véritables libertins se réfugièrent sur le continent encore noir de ce que le commun des mortels considère encore comme de condamnables déviations : sadomasochisme, urolagnie, coprophilie, et autres passions secrètes, forcément secrètes. Mais là aussi, hélas pour les ennemis de la sublimation, tant que ces pratiques se déroulaient entre adultes consentants et dans des propriétés privées, nulle autorité ne montrait un zèle spécial à les poursuivre. Le danger n'est plus ce qu'il était.

Surviennent les années-sida. Et cet effrayant calcul de probabilités : à faire l'amour sans protection, avec un partenaire inconnu, vous avez « tant pour cent » de possibilités d'attraper le virus, « tant pour cent » de le communiquer sans même avoir les symptômes de la maladie, « tant pour cent » de tomber vraiment malade, « tant pour cent » de mourir. Le plus macabre des interdits, le plus dangereux des tabous frappent où on ne les attendait plus, réconciliant Eros et Thanatos dans une loterie mortelle où les bons numéros ne sont révélés que quand il est déjà trop tard.

Voici donc la transgression qui revient, constellée de sang et de foutre, par l'entrée de service : séduire et conquérir ne peuvent plus être désormais des actes gratuits, et faire l'amour une formalité d'après-dîner ; je peux, si je le désire, faire de chaque rencontre une aventure à haut risque, un nouveau parcours initiatique où la mort, invitée d'honneur, a pouvoir de frapper à tout moment, pendant des années ; le libertin se tâte et se dit : il est tout de même plus excitant de mourir ainsi que d'un accident de voiture sur l'autoroute des vacances ou d'une chute de cheval ; plus glorieux que de décéder d'un infarctus, ou d'un cancer. Les cosaques de la roulette russe ont réenfourché leurs destriers, et, flamberge au vent, sans heaume ni cuirasse, sans la moindre cotte de mailles, se préparent, dans tous les lits de la planète, au combat de l'orgasme et du danger. Irresponsables ? Vous dites irresponsables ? Ils le sont. Ils l'ont choisi et se fichent éperdument de l'avenir. Mieux vaut le savoir, gentils damoiseaux et damoiselles. Mais ces guerriers ne seront que de vulgaires criminels s'ils « empoisonnent » à dessein leurs partenaires. Le bonheur, même fragilisé, ne se construit pas sur des promesses de cadavres.

5

Renversement des codes, inversion des signes, les vérités les mieux établies vacillent sur leur trône : la maladie d'amour taille des croupières dans le bronze apparemment trempé des institutions de la bonne conduite, des bons rôles, des bons régimes. Ne citons que le plus célèbre d'entre eux : le régime minceur. Depuis l'avènement de la dictature diététique, les gros se cachaient. Objets d'opprobre et de dérision, ils ahanaient dans les instituts spécialisés, se faisaient allégrement torturer dans les centres de thalassothérapie, et avaient pour leur pèse-personne une dévotion aussi amoureuse que quotidiennement inquiète. Les enveloppés, les charnus, les enrobés, les femmes Rubens, les modèles Renoir, s'éprouvaient juifs en Allemagne nazie, dissidents en Pologne, communistes au Chili, ou Noirs en Afrique du Sud ; du matin au soir, la voix du « Big Brother » de la forme leur répétait : attention aux calories. Perdez du poids. Le « pneu » est l'ennemi du bien. Attention à l'infarctus. La Troisième République, ventrue et proéminente, avait laissé la place à la Cinquième, menée, après la disparition du général dinosaure et de l'instituteur de Montboudif, par des énarques au ventre plat, au teint bronzé et aux charentaises joggeuses. Cuisine minceur, objectif maigreur, sus à la pesanteur : telle était la pierre angulaire sur laquelle l'esprit du temps avait bâti son Eglise.

La crainte du sida est en train de tout changer. Comme l'un des symptômes les plus évidents du fléau est l'amaigrissement ultrarapide et la métamorphose de la victime en squelette ambulant, la perte de kilos devient suspecte ; à présent, sur les pistes de danse, sur les canapés accueillants, dans la vapeur des saunas, on se tâte subrepticement ; et si l'on éprouve, en jouant du piano tout le long de son dos, la sensation de crécelle d'une petite musique des os, c'est le retrait immédiat, l'instauration de la méfiance et du doute corrosif. Il conviendra évidemment toujours de chasser l'obésité ; mais certaines rondeurs bien placées seront les bienvenues et montreront à l'envi que le spectre immuno-déficitaire se tient à distance respectueuse. Le retour des pulpeuses, le triomphe tranquille des Béatrice Dalle et autres Marthe Lagache, ne témoigne-t-il pas du retour aux surfaces non corrigées ?

Dès lors, rondouillards apeurés, coluchiens honteux, joufflus complexés, ventrus marginaux, fessus clandestins, pansus persécutés, sortez de vos tanières où les oukases du temps vous avaient enfermés ; quant à vous, joues creuses, sportifs aux bielles huilées et aux

LE PARTI

ventres plats, continuez, mais attention, n'oubliez plus le vieil adage qu'un rétrovirus infamant a remis au dégoût du jour : quand les gros maigrissent, les maigres meurent.

6

Comme l'énonce notre époque jargonnante : in-con-tour-nable. Le sujet est incontournable. Qu'on l'aborde à l'apéritif ou au dessert, au trou normand ou dans cet espace entre tous délicat qui sépare la poire et le fromage, on parlera de « ça ». Et comme au temps de l'affaire Dreyfus, il y a fort à parier que la conversation prendra très vite une allure passionnée. Aux ricanements succéderont les affrontements, et la table se divisera assez vite entre partisans de l'attente et spectateurs de la manière forte, entre défenseurs de l'ordre moral et tenants d'un libéralisme non discriminatoire. C'est le moment où, grâce à cet ouvrage, vous allez enfin pouvoir l'emporter, par votre éloquence, votre finesse et votre culture, sur le restant des convives. Ce ne sont pas en effet les statistiques des malades et des séropositifs, ni les informations médicales, qui feront la différence : elles sont dans tous les journaux et magazines, et le consensus en ce domaine est quasi total. En revanche, si vous mettez en perspective le fléau, si vous lancez quelques phrases fulgurantes sur l'état des lieux et les implications de cette nouvelle peste, on vous écoutera bouche bée et, qui sait, vous pourrez donner rendez-vous dès le lendemain, dans un bar feutré, à la maîtresse de maison ou à votre charmant voisin de droite. Soucieux de vous épargner de longues recherches et des heures de lecture plus ou moins utiles, voici un premier répertoire très succinct de sentences qu'il importe de bien lancer au cours du repas. Soyez très attentifs à votre voix, à votre débit, et à votre ton : on vous en saura gré et vous n'aurez même pas besoin de me remercier.

D'EN JOUIR

Si vous êtes dans un dîner « droits de l'homme »

Insister sur le danger de dérapage vers une dictature de type « 1984 ». Rappeler que tous les régimes totalitaires, qu'ils soient bolcheviques ou fascistes, ont commencé par tirer à boulets rouges sur l'érotisme. Stigmatiser la récupération d'une légitime crainte des citoyens par l'extrême droite qui trouve là un terrain de propagande aussi efficace que celui de l'immigration. Souligner le danger de création de « sidatoriums » (que vous qualifierez de « Drancy des séropositifs », ce qui vous vaudra une admirative pression du genou de votre voisine) et de mise en quarantaine de larges fragments de la population qui, du coup, s'apprêteront à passer à la clandestinité. Et vous concluez votre envolée par ces mots : « Il ne faut tout de même pas laisser les néo-conservateurs devenir des néo-préservatifs ! » Succès assuré.

LE PARTI

Si vous êtes dans un dîner de « conservateurs »

Attaquer en affirmant qu'il ne s'agit pas simplement d'un problème sexuel, mais de la funeste conséquence de la trahison, par l'humanité dite civilisée, de trois grands principes biologiques. A présent, il est normal que la nature se venge. Auparavant, chacun vivait chez soi ; aujourd'hui, grâce au métissage et aux voyages, mamelles douteuses de cette modernité qui se veut universelle, n'importe qui se coagule avec n'importe qui. Deuxième transgression : on a oublié les paroles de la chanson : « Qu'on est bien dans les bras d'une personne du sexe opposé, qu'on est bien dans les bras d'une personne du genre qu'on n'a pas. » Quand on délaisse la voie naturelle pour l'impasse sodomite et contre nature, que l'on ne s'étonne pas que celle-ci produise des commandos vengeurs... Même chose pour les drogués, ces déchets de la société qui s'échangent leurs seringues souillées comme s'il s'agissait d'un annuaire téléphonique. « Le sida nous montre bien que la démocratie n'est pas une nécessité mais un luxe ! » (Applaudissements prolongés et garantis.)

Si vous êtes dans un dîner d'intellectuels :

Evoquer l'heureuse époque où le sexe était encore ludique et dominant. Rappeler Nietzsche (Dieu est mort) et le Michel Foucault des *Mots et les choses* : « L'homme est mort ». N'ajoutez surtout pas que vous-même ne vous sentez pas très bien, mais soulignez à quel point Sade, Artaud et Bataille jouèrent un rôle essentiel dans la prise de conscience du grand désir. Et Lacan, dans son séminaire, qui, quand on lui demandait : « Pourquoi ? » répondait : « parce queue. » Raconter comment nous réussîmes, avec l'aide des grands ancêtres, à vaincre l'horreur du corps et l'horreur du sexe, « La morale sexuelle civilisée est la maladie nerveuse des temps modernes ». Mais les ravages du rétro-virus amènent une fois de plus à poser la grande question de Nietzsche : « Comment des corps peuvent-ils se vivre face à l'évidence de la mortalité, à l'insistance du manque, à l'impasse du sexe, quand s'est une fois produite dans notre histoire la mort de Dieu ? » Conseiller la relecture de Camus, de Daniel Defoe et des livres de Dominique Fernandez et de Hervé Guibert. Rappeler Valéry et le taux de mortalité des civilisations, Cioran qui a le premier formulé la pensée-sida, et l'effet Tchernobyl, la dioxine de Seveso, les aérosols destructeurs de la couche d'ozone : toutes pollutions qui préparaient inconsciemment l'irruption du virus. Faust a vendu son âme au diable, en voici le prix. Terminer votre péroraison en beauté : « Je crois, chers amis, qu'il est temps de signer une pétition, et d'organiser une conférence de presse. Que tous se mobilisent : nous ne ferons rien sans la radio et la télé. »

Si vous êtes dans un dîner de jeunes yuppies dynamiques (si, si, il y en a encore) :

Commencer bille en tête par le marché du préservatif. Triplement du chiffre d'affaires assuré dans les deux mois. Nécessité de l'introduction en Bourse. Synergie avec les laboratoires, les hôpitaux et les écoles. Comment obtenir des subventions du ministère de la Santé. Quelle peut être la contribution française à l'amélioration de la capote, et comment contrer la pénétration japonaise : évoquer les armes absolues de notre pays. Inonder les marchés mondiaux de condoms non seulement lubrifiés, mais parfumés Cardin, Balenciaga ou Saint-Laurent. Lancer des produits aromatisés : préservatifs à la fraise, à la vanille, à la pistache.

LE PARTI

Offrir une bouteille de Saint-Emilion à tout acheteur de plus de dix boîtes. Attaquer sur le marché du prêt-à-porter en offrant un capuchon assorti au slip, voire au maillot de bain. Transformer le produit en support par impression de drapeau (préservatif patriote), de portraits de stars, de tableau de maître, de slogan publicitaire (un coup ça va ; trois coups...) et préférences politiques. Et vous terminez dans l'euphorie : « Ainsi, messieurs, le jour où vous rendez visite à une fan de Philippe de Villiers, n'oubliez pas de revêtir votre capuchon frappé au sigle du « Combat pour les valeurs ». Quant à vous, mesdames, si votre mari ou votre amant se présente à vous dans une tenue intime qui choque vos convictions idéologiques, vous n'avez plus qu'à l'envoyer se rhabiller ! » Applaudissements, vivats, vous serez élu à la présidence de la Jeune Chambre Economique de votre ville.

D'EN JOUIR

Si vous êtes dans un dîner chébran :

Vous n'en parlez pas. Vous laissez le flip aux ploucs. En revanche, s'étaler longuement sur les nouveaux plans caresses, massages, et autres jeux qui éviteraient toute pénétration intempestive. Souligner le fait qu'il est complètement ringard de porter des préservatifs sur soi : mieux vaut les demander à la dernière minute, au bar, quand il urge de porter l'estocade dans les toilettes. Montrer que la parano sidaïque va libérer l'imagination. « Enfin, on va pouvoir à nouveau s'intéresser à la baise, qui était le plus souvent, avouons-le, une sacrée galère. Toujours la même chose ! Maintenant, nous sommes condamnés à inventer. » Evoquer le temps où Ian Dury chantait le célèbre « Sex and drugs and rock and roll ». Il ne reste plus que le rock and roll. Et d'aller frotter avec sa bien-aimée à la Chapelle des Lombards, en dansant sur le vieux tube d'Hilarion intitulé, je vous le donne en mille, « SIDA ». A mourir de rire, quand tout le monde reprend en chœur le refrain du chanteur africain : « Mal du siècle, maladie d'amour, maladie du sexe... Si vous buvez trop ? C'est le foie. Si vous mangez trop ? C'est l'estomac. Maladie d'amour, maladie du sang... »

Si vous êtes dans un dîner Front national :

D'abord rassurer. Ils ne risquent rien : c'est une maladie transmise par les pédés du Tout-Paris, les artistes qui passent leur temps à se droguer, d'ailleurs, vous savez, dans ces milieux, c'est bourré de métèques. Evoquer les ravages du virus dans les allées de la mode, des variétés, du cinéma. Paraîtrait même qu'il y a des députés atteints. C'est la belle-sœur de mon collègue de bureau qui est la cousine du beau-père de l'attaché parlementaire du type en question qui me l'a dit, de source sûre. Evidemment, avec la vie qu'ils mènent, à sauter sur tout ce qui bouge, de véritables obsédés. Je suis sûr qu'à Beaubourg c'est plein de sida. Aux Halles, à Saint-Germain-des-Prés, c'est partouzes et compagnie : tout le monde baise avec tout le monde. Pouvez pas savoir le nombre d'enfants illégitimes qu'il y a chez ces gens-là. Et quand ils tombent malades, qui c'est qui paie pour leurs soins qui coûtent très cher, soins de toute façon inutiles puisqu'ils finiront par crever ? C'est bibi, comme d'habitude...

Ensuite, inquiéter. Si le gouvernement laisse faire, on finira un jour ou l'autre par être contaminés sans avoir rien fait. Je connais la tante du cousin de l'infirmière en chef de clinique de la Pitié-Salpêtrière qui affirme que ça peut se transmettre par l'haleine. Parfaitement. Non mais, vous vous rendez compte ? Vous êtes dans la rue, dans le métro, dans l'autobus, un

type tousse et vous êtes en danger
de mort. Et ils laissent faire. Et ils
pensent qu'on va voter pour eux. Si
ça continue, nous aussi on descen-
dra dans la rue. Mais il faudra faire
attention et prévoir des masques à
gaz. On ne sait jamais. Que fait la
police ? Se déclarer prêt, malgré un
emploi du temps chargé, à prendre
la tête d'un comité de vigilance.

Si vous dînez dans le triangle Neuilly-Auteuil-Passy :

Eviter soigneusement le sujet.
S'enquérir tout juste des précautions à prendre concernant le per-
sonnel domestique, souvent com-
posé d'étrangers. De toute façon,
chacun sait qu'aucun virus ne peut
pénétrer dans le 16e arrondissement
de Paris : il ne s'y sentirait pas chez
lui. Question de culture, de milieu
et, il faut bien le dire, de classe.

Si vous êtes dans un dîner d'échangistes :

Afficher un visage serein, en

dépit de la relative gravité de la situation. Provoquer un tour de table sur l'éventualité d'aller se faire examiner. Rappeler que les adeptes du communisme sexuel ont toujours observé des règles d'hygiène fort strictes : toilette avant et après tout contact, bonnes fréquentations, et check-up annuel. Mais, chers amis, nous ne pouvons nier l'évidence : nous sommes dans la fosse aux lions. Nous pouvons faire comme si de rien n'était car nous sommes vaillants, ardents et cohérents dans nos principes : une pour tous, tous pour une, et Dionysos reconnaîtra les siens. Que diable, nous n'allons pas nous rendre sans combattre. Orienter ensuite le débat sur les précautions à prendre, car nous œuvrons tout de même dans une atmosphère de meeting permanent et nous préférons célébrer nos soldats inconnus vivants plutôt que morts. Alors, s'encapuchonner ou ne point s'encapuchonner, telle est la question. Plus difficile à résoudre que celle du prochain cours du dollar. Les pionniers de l'orgie, les premiers chrétiens de l'amour à soixante participants, les pères fondateurs de coït collectif sont formels : pas question de renouer avec cette coutume barbare, cet additif artificiel qui aseptise le vrai contact. Mais les plus jeunes ne sont pas convaincus. Nos aînés, murmurent-ils, ont déjà bien vécu ; ils sont au crépuscule de leur vie, ce qui rend leurs propos plus faciles à tenir. Nous n'avons pas envie, quant à nous, de trépasser laidement par insouciance vagabonde. Tout cela demande réflexion. Et laisse augurer de nouvelles formes de rencontres collectives, qui grouperaient exclusivement des couples se connaissant, tous séro-négatifs certifiés et pratiquant désormais une autarcie sexuelle prudemment gérée...

A la fin du dîner, poser la question traditionnelle : « Alors, on se déshabille ? » Attendre que tout le monde soit nu pour proposer des jeux de société. A conseiller : Trivial Pursuit, Monopoly et Bridge. Par parties carrées, évidemment.

Si vous dînez chez des intégristes :

Entonner un bénédicité particulièrement fervent à la gloire de Dieu qui, dans son infinie justice, s'est enfin décidé à châtier les pécheurs. Montrer à quel point vos hôtes ont bien fait en choisissant l'abstinence : comme dit le proverbe, « qui ne fait rien ne risque rien ». Certes, il nous faut combattre cet horrible virus, et prier pour que la science découvre au plus tôt un vaccin car si tout le monde meurt, de qui allons-nous nous occuper ? Qui allons-nous convertir ? Néanmoins, force nous est de reconnaître, HIV tombe à pic pour rappeler aux hommes qu'ils sont mortels, que la vie n'est pas une partie de plaisir, qu'ils doivent souffrir pour accéder à la vie éter-

nelle et que l'enfer est pavé de luxu-
rieuses intentions. Hosanna, virus
maximum ! Pax vobiscum ! Et dans
quelques années, c'est sur une terre
à nouveau peuplée de croyants,
débarrassée de tous les athées,
francs-maçons, fornicateurs et blas-
phémateurs que nous pourrons à
nouveau chanter sans crainte : De
profundis, retro-virus !

7

On constate à quel point les années 90 sont en train d'opérer une véritable révolution culturelle dans les esprits et les comportements. Renversements au début des perspectives pan-sexualistes, montée d'une certaine chasteté, retour à la monogamie, au travail, à la famille et au préservatif ; réapparition des grandes peurs millénaristes, des syndromes d'apartheid et de discrimination virale, avec toutes les tentations d'exclusion, de rejet, voire de « sidatorium » plus ou moins concentrationnaire... Demain le Moyen Age, avec son cortège de lépreux marqués du sceau de la flétrissure, et de boucs émissaires promis à tous les bûchers ? En ce domaine, il importe d'être vigilant. Heureusement, nous n'en sommes point là.

L'étiquette étant ce qui sépare l'être humain de la bête, nous allons tenter ici de dresser un premier inventaire de ce qu'il convient ou pas de dire, de ce qu'il est seyant ou nuisible de faire, eu égard aux progrès du haut mal et à ses conséquences. Nous invitons évidemment lectrices et lecteurs à compléter d'eux-mêmes ce petit code en y ajoutant les enseignements de leur propre expérience. En effet, depuis quelques années, les mots ont changé de sens, et les sens de mots, selon la judicieuse expression de Jean Paulhan.

AVANT

« Que pensez-vous du chômage des jeunes ? Ah, ce que vous me plaisez ! Vous sentez-vous concernée par le Tiers-Monde ? Ce que vous dansez bien ! Et les films de Woody Allen ? Vous avez une peau magnifique. Qu'est-ce que vous faites dans la vie ? Ce que je ressens pour vous, c'est trop. Vous aimez l'amour ? J'ai chez moi une vidéo-cassette fabuleuse : Frank Sinatra et Bruce Springsteen en train de chanter ensemble. Oui, oui, je vous assure, c'est un truc inédit que je viens de recevoir de Los Angeles. on y va ?

MAINTENANT

« J'ai très envie de vous connaître. Parlez-moi de vous, de votre passé, vous avez été très amoureuse ? Souvent ? Non, non, j'ai tout mon temps. »

AVANT

« Je connais un gars, j'en suis folle. Il est beau, j'te dis pas. Il est bisexuel, mais ça ne me gêne pas du tout. Après tout, chacun est libre, non ?

LE PARTI

MAINTENANT

« Vous savez, je suis très large d'esprit. Je crois que chacun doit vivre de la manière qui le rend le plus heureux. Au fait, vous avez eu des aventures homosexuelles ? Attention, je n'ai rien contre, je disais simplement ça pour savoir... »

AVANT

« Imagine-toi qu'arrivés dans la chambre d'hôtel, Paul m'embrasse, me caresse, m'enlève mon petit slip en dentelle, cherche mon point G, ne le trouve pas, se déshabille, visiblement il n'en peut plus, et tu ne devineras jamais ce qu'il a fait : il a mis une capote ! Quel plouc ! Quel ringard ! Je lui ai dit : non, mais, tu me prends pour une pute ? J'étais folle de rage. Et lui restait là, comme un con, tout penaud, à m'expliquer qu'il avait tellement peur que les filles tombent enceintes et l'obligent à se marier qu'il ne sortait jamais sans ces horribles machins. J'ai demandé à ce crétin s'il n'avait jamais entendu parler de la pilule, et s'il croyait que j'aurais jamais envisagé d'avoir un enfant avec un idiot comme lui. Il m'a répondu, les yeux baissés, que sa mère lui avait appris, tout enfant, à se méfier des filles qui ne pensent qu'à chercher un époux. Non, mais, tu t'imagines, tomber encore, aujourd'hui, sur des crétins de ce calibre ? »

MAINTENANT

« Oui, Paul, j'ai envie de vous, je suis prête, Paul, mais avez-vous pris vos précautions ? Quelles précautions ? Comment ? Vous n'avez rien amené ? Vous ne vous figurez tout de même pas que je vais aller à votre place acheter des préservatifs ! Vous êtes inouï ! Eh bien, tant pis. Pas question de faire quoi que ce soit avant que vous ne soyez descendu à la pharmacie. Comment ? Elle est fermée ? Eh bien, nous attendrons demain. En attendant, dormez sur le canapé. Mais moi aussi je vous aime, Paul ; mais c'est parce que je voudrais que cela dure... Vous comprenez ? Mais non, je ne suis pas dure, mais tout simplement attentionnée. Bonsoir, Paul. »

AVANT

« Vous me plaisez, Alexandre, Alain, André, Thierry, Michel, Christophe, Daniel, Julien, Bruno, Bernard et les autres. J'aime votre force qui me fouille, votre vigueur qui me terrasse, votre virilité qui me subjugue. J'aime vos visites ardentes et répétées. Vous le savez : ma nature a horreur du vide. Et vous la comblez si bien. »

MAINTENANT

« Je n'aime que vous, mon chéri. Je veux passer le restant de ma vie

dans vos bras. Nous ne nous sépa-
rerons jamais : je serai à la fois
votre femme et votre maîtressse,
votre mère et votre fille, votre reine
et votre servante, votre déesse et
votre catin. Nous serons tout l'un
pour l'autre. »

AVANT

« Nous sommes un couple
moderne. Mon mari a des maîtresses, et il m'en parle très librement ; j'ai des amants, il adore que
je lui raconte. Nous détestons les
adultères bourgeois, les cinq à sept
honteux, où le mensonge est érigé
en dogme. Notre bonheur est fondé
sur notre souveraineté. Tromper,
quelle horrible mot ! Comme Sartre
et Beauvoir, nous avons notre
amour nécessaire, et des amours
contingentes. La diversité des
aventures n'ébrèche pas la solidité
de notre union ; mieux : elle la
scelle. La vie est trop courte pour la
laisser ronger par les démons des-

tructeurs de la jalousie et de la possessivité. »

MAINTENANT

« Nous sommes un couple moderne. Je dirai même post-moderne, c'est-à-dire que nous sommes parfaitement adaptés à cette fin de siècle. A la maison, nous sommes entièrement équipés du matériel électronique le plus sophistiqué : son stéréo, dolby, écran géant, vibro-masseurs au laser récemment achetés au Japon, huile d'amande douce pour les massages et diffuseurs de parfums exotiques. Nous recevons beaucoup d'amis et organisons des dîners très réussis, où le charme de la conversation se marie harmonieusement au raffinement des mets. Nous allons souvent au cinéma, au théâtre et au concert, et ne manquons jamais notre séance hebdomadaire de taï-chi. Soyons clairs : en ces temps de guerre économique mondiale et de compétitivité accrue, la santé passe nettement avant la sexualité dans les hiérarchies de préoccupations. L'heure n'est plus au laxisme, à la permissivité, encore moins à la promiscuité : le pays a besoin de citoyens bien portants, et non de loques agonisantes. Qu'on se le dise. »

AVANT

« Qui va payer nos retraites ? »

MAINTENANT

« Qui va payer pour ces tarés ? »

AVANT

« Français, encore un effort si vous voulez rester républicains. »

MAINTENANT

« Français, encore un effort si vous voulez rester vivants. »

LE PARTI

AVANT

Propos entendus à la terrasse d'un café de Saint-Germain-des-Prés :

— Tu vois, ce qui est terrible, c'est qu'on ne pourra jamais les baiser toutes.

— Oui, mais on peut essayer.

MAINTENANT

Les mêmes, à la même terrasse :

— Tu vois, ce qui est terrible, c'est que rien qu'en les regardant tu es obligé de te poser des questions.

— Oui, et même d'y répondre.

AVANT

Post coïtum, animal triste.

MAINTENANT

Pre-coïtum, animal méfiant.

8

Donc, il importe d'afficher sa santé. Les muscles, le ventre plat, le bronzage, la silhouette ne suffisent plus : encore faut-il prouver que l'on est également sain à l'intérieur. Deux options, dont nous ne pouvons garantir l'efficacité absolue, se présentent à vous :

a) **Vous jurez vos grands dieux que vous êtes vierge.** Si cet état entre tous béni est aisément vérifiable chez une créature du sexe féminin — encore que, mesdemoiselles, vous pouvez toujours recourir aux subterfuges de certaines Orientales qui n'hésitaient pas, en vue d'un mariage avec un promis très strict sur ces choses, à colmater les brèches apparemment les plus irréparables — il n'en va pas de même pour le mâle célibataire, qui peut toujours affirmer qu'il était frappé d'impuissance jusqu'au jour où il vous a rencontrée, vous, l'élue. Il vous est permis de ne pas le croire.

Autre domaine sensible : vous retroussez vos manches de chemise et exhibez fièrement vos bras immaculés : « Regardez, nulle trace de piqûre. Je ne me suis jamais shooté, je fais d'ailleurs une fixation sur le fix... Comment ? Là ? Mais c'était il y a quinze ans. Un truc contre la variole. » A ce moment de la discussion, vous n'hésitez pas à vous féliciter de la vente libre des seringues en pharmacie.

b) **Le test.** Pour la troisième fois, elle vous a demandé de lui montrer votre test sanguin. Pour la troisième fois, vous vous frappez le front en soupirant : « Zut ! Je l'ai encore oublié au bureau. Je te promets de l'amener demain. Mais enfin, tu me crois, non, quand je te dis que je suis blanc-bleu comme Jésus ? Regarde-moi : est-ce que j'ai l'air de quelqu'un qui peut mentir ? » Attention : elle peut commencer à se méfier. Une omission, ça va, trois omissions, bonjour le sida. Ou en tout cas, son spectre affreuxdisiaque. Ce qui nous amène à nous poser une question essentielle : où conserver votre test ? Et à quel moment l'exhiber ?

L'une des meilleures solutions consiste à glisser sa feuille parmi ses cartes de crédit. Ainsi, à l'issue du dîner, au moment de payer l'addition, et sans qu'elle vous ait rien demandé, vous glissez négligemment le certificat du laboratoire sur la soucoupe de façon que votre vis-à-vis ne puisse pas ne pas le voir.

Au premier bouquet de fleurs, vous ajoutez une enveloppe contenant votre carte de visite et une photocopie. Vous aurez naturellement pris la précaution d'en faire faire plusieurs.

Vous en faites un agrandissement de type « poster » que vous accrochez au plafond de votre chambre à coucher. Ainsi, quand elle est sur le dos, monsieur, en train de recevoir votre hommage cunnilingual, ou quand il est nonchalammment étendu, madame, en train d'apprécier votre habileté fellatrice, une lecture rapide mais précise vous permettra de poursuivre sans trop d'inquiétude.

Le plus simple serait peut-être d'appliquer une méthode déjà expérimentée aux USA et qui consiste à délivrer une carte plastifiée portant la date de l'examen et le cachet de l'hôpital. Il faudra simplement veiller à ne pas se tromper de document quand on prendra ses billets d'avion, qu'on paiera la scolarité de son fils, ou qu'on versera son obole à l'association « La France Propre ». Il faudra aussi se méfier des contrefaçons... Nul doute que le marché noir et la fabrication de fausses cartes ne battent leur plein !

9

Craints ou enviés, détestés par les maris jaloux et adorés par les femmes de sept à soixante-dix-sept ans, ils allaient, les séducteurs ; notant précieusement sur leurs carnets les noms de leurs victimes, précédés d'une appréciation codée de leurs caractéristiques, performances et spécialités. Certains collectionnaient les polaroïds immortalisant leurs joutes amoureuses, d'autres allaient jusqu'à tourner des séquences vidéo qu'ils conservèrent précieusement pour leurs vieux jours, à la recherche du temps perdu. Nulle limite, depuis que la pilule avait aboli le hasard, à l'exploration des forêts plus ou moins vierges, du devoir conjugal avant le petit déjeuner, à la maîtresse emmenée dans un petit hôtel discret, en passant par l'étudiante draguée dans un café, et l'ex-grand amour avec qui on continue à « le » faire de temps en temps, pour mémoire garder. Pour les hommes et les femmes de ce demi-siècle, après des millénaires d'obscurantisme et de culpabilité, c'était l'âge d'or : les femmes pouvaient enfin se doter d'autant d'amants que la libido ou la peur de la solitude le réclamait, et, à toute heure du jour et de la nuit, les villes retentissaient de l'exhalaison tendre des soupirs, des râles, des cris et des rires, concerts d'avertisseurs d'un Eros pétaradant de santé qui permettait ainsi, malgré la guerre et le chômage, la répression et la hiérarchie, de cultiver à loisir les jardins parfumés de sa vie intime.

1992. Le séducteur précédé de sa réputation s'avance, avantageux et souriant, vers sa future proie. Celle-ci l'arrête net, le foudroie du regard et lui tient à peu près ce langage : « Soyons clairs. Ali Baba et les quarante violeurs, je connais, j'ai déjà donné. Je ne m'ouvrirai que si vous me donnez votre Sésame.

— Mais quel est-il ? Consentez, très chère, à me fournir au moins quelques indications.

— J'irai plus loin. Je sais que vous allez de fille en fille.

— Mais pas du tout. On aura médit de moi. Je vous assure que...

— Trêve de billevesées. Vous me plaisez, et en d'autres temps, nous aurions continué ce marivaudage jusqu'à ce que lit s'ensuive. Mais nous n'en sommes plus là. J'exige donc de vous : premièrement, une lettre de votre médecin traitant certifiant que vous nêtes point bisexuel ; deuxièmement, une attestation de vos parents, et une autre de l'hôpital Marmottan assurant que vous ne vous êtes jamais drogué ; troisièmement, la photocopie des résultats de l'examen de sang prouvant votre séronégativité, et remontant évidemment à moins de vingt-quatre heures. En l'absence de ces justificatifs, je me verrais dans la délicate obligation de vous ôter tout espoir... Mais nous pouvons continuer à bavarder ; votre babil me détend.

— Mais, mademoiselle, je ne comprends pas votre ire ; vous ne risquez rien, puisque j'ai mes vingt-cinq préservatifs bien à l'abri dans ma poche-revolver...

— A six coups, je sais, j'en ai entendu parler. Mais cela ne me suffit pas. Un accident est si vite arrivé. Vous êtes quand même un sujet à haut risque.

— Mais alors, comment allez-vous vivre, péronnelle sentencieuse, si vous fuyez les hommes, les vrais ? Vous allez vous rabattre sur les vibromasseurs ?

— Pas du tout. Mais aujourd'hui, entre un libertin connaisseur et rompu à toutes les figures du coïtus prolongatus, et un jeune homme encore vierge, imberbe et rosissant, mon cœur et ma santé ne balancent plus : vive les puceaux ! Je passerai mon temps à l'initier... »

D'EN JOUIR

Répétons-le, la vie du séducteur professionnel va être de plus en plus difficile. Mes pairs en jouissance, mes fils en possession, ô chevaliers de la culbute, épurez-vous ; l'innocence est l'avenir du stratège avisé. Le dialogue ci-dessus est devenu de moins en moins imaginaire. Et n'oubliez jamais que les hommes à femmes croisent facilement des femmes à hommes, c'est-à-dire des créatures aujourd'hui dangereuses. Desquelles il faudra exiger les mêmes garanties, dûment datées et signées. Bel avenir pour le romantisme...

Mais nous continuerons, n'ayant peur ni de la mort, ni du virus, arborant très haut les couleurs de notre éperdue volonté de jouissance.

10

Quelque temps avant que la peste virale ne déferle sur le monde, les nouveaux chastes avaient surgi, vêtus de probité peu candide et de lin immaculé, à l'aube des années 80. Pour eux déjà, point de pilule « ecstasy » qui leur ferait savourer les doux délices de l'orgasme six heures d'affilée ; pas de manuel de yoga tantrique négligemment posé sur la table de chevet des soirées qui ronronnent. Le stress pour les uns, l'angoisse du dépôt de bilan au moment de la récession, ou, chez les plus jeunes, d'autres sujets de préoccupation, paradis artificiels, rock à longueur de walkman, sport et danse : toujours est-il que le péché de luxure intéressait de moins en moins un certain nombre de dignes enfants du microproces-

seur et du fast-food, nés de la trop
fameuse et trop surévaluée libération sexuelle des années 60. Cette
libération acquise, ils l'ont reléguée
au magasin des accessoires.

Réjouissez-vous, ô mânes de
saint Paul et de saint Augustin
deuxième période : une partie de
nos « branchés » n'ont plus du tout
envie ni goût de se livrer aux plaisirs de la chair, qu'ils considèrent
comme démodés, ringardos, et
pour tout dire gaspilleurs d'énergie. Ariel, rencontré il y a quelques
années aux Bains-Douches, expliquait déjà, entre deux tequilas arro-
sées de citron : « Lisez les magazines consacrés au sexe : quelle
tristesse. Tous les types âgés de
plus de quarante ans en ont bavé,
because l'absence de pilule, la peur
des gosses, et le grand mystère de
l'insondable féminin. Nous, ça va,
on a réglé ces problèmes, on a déjà
donné. Les mouvements du corps
nous fatiguent, surtout ce va-et-
vient ridicule célébré comme le nec
plus ultra en matière de bonheur.

D'EN JOUIR

Nous préférons les joies subtiles et alternées du silence et de la conversation, les caresses discrètes, s'embrasser sur le nez et se le frotter comme les Esquimaux ; je peux parfaitement passer trois nuits dans le lit d'une fille sans la toucher : nos rapports baignent dans la grande suavité du tout. Baiser ou ne point baiser, telle n'est plus la question. »

Devant ces propos, nous nous frottions les yeux et n'en croyions pas nos oreilles. Que se passait-il donc ? S'agissait-il d'un nouveau complot ourdi par l'école laïque contre les croisés de la natalité, afin d'empêcher la naissance de milliers de petits Français dont on aura bien besoin pour qu'ils paient nos retraites ? Ou alors, était-ce une conséquence directe de la peur du nucléaire, des maladies vénériennes qui provoquaient déjà la fuite des plus courageux, l'abstinence des autres et le coït occulté avant même d'être interrompu ? Annie, vingt ans, étudiante en droit, n'était pas du tout d'accord : « Vous raisonnez encore en termes complètement anachroniques. Nous n'avons plus besoin de prouver quoi que ce soit dans ce domaine. A seize ans, j'ai eu ce qu'on appelle mon premier contact direct, qui ne s'est d'ailleurs pas si mal déroulé ; cela fait six mois que je n'ai pas eu envie d'aller au lit accompagnée, parce que pour moi, dans « faire l'amour », le second terme compte plus que le premier. Je n'ai rien à prouver, ni que je puisse plaire ni que j'aie le pouvoir de séduire, et, en tout cas, cela ne passe pas obligatoirement par la station couchée. J'ai des rapports formidables avec mes copains et mes copines, on travaille, on écoute des disques, on sort et aucune zone d'ombre ne vient troubler cette transparence formidable. Le jour où je serai à nouveau amoureuse, je recommencerai avec bonheur la fête sexuelle ininterrompue. »

Fichtre ! La première idée reçue aurait consisté à voir, en ces nouveaux chastes, les croisés d'une régression vers les noirs marécages de la morale ; d'une influence perverse des ayatollahs persans sur notre saine jeunesse, qui en oublie de jeter sa gourme comme le faisaient ses braves grands-pères de la IVe République radicale et paillarde.

Joëlle, dix-huit ans, hurle de rire : « Vraiment, ça vous obsède, ces histoires de cul ! Bien franchouillard, tout ça, cet honneur infini de tirer son coup ; la première question qu'un connard pose à un autre connard : « Alors, tu l'as baisée, elle baise bien, c'est un bon coup ? » Quelle tristesse... Notre attitude n'a rien à voir avec un retour à la morale ou à la religion ; mais l'expression « libération sexuelle » provoque en nous une hilarité prolongée ; comprenez, une fois pour toutes, que nous ne sommes ni bloquées, ni coincées, ni mal baisées ; mais que, simplement, nous plaçons au-dessus de toutes les vertus la gentillesse, la courtoisie, la tendresse et la chaleur des sentiments. Le reste que nous apprécions, ne vous en déplaise, au moins autant que vous, vient après. Mais après seulement. Vous savez, il y a des tas de plaisirs dans la vie, dont nous usons bien volontiers. Ne vous inquiétez pas pour nous : tout va bien. »

Quoi ? En plus, les nouveaux chastes « purs et durs » seraient bien dans leur peau ? Cela ne se peut. N'y a-t-il point déviation sous roche, ou dissimulation de penchants encore plus secrets ? Même pas. Là aussi, ils ont déjà donné. Tranquillement, en douceur, sans coup férir, « la baise pour la baise » a quitté la première place dans la hiérarchie des priorités pour être remplacée par l'infinie palette des recherches spirituelles, profession-nelles, éthiques ou affectives : l'essentiel paraissant désormais d'aller à la quête de son identité par les voies les plus diverses, le corps à corps éphémère n'étant plus consi-déré comme la plus fidèle des auto-routes ou le plus court chemin de soi à soi.

D'EN JOUIR

Le corps, on le cultive, on le soigne, on l'entretient, pour le look, la forme ou les signaux de séduction que l'on peut s'envoyer par son entremise. Ce n'est pas une révolte, messieurs les censeurs, mais peut-être une révolution : celle d'un retour en boucle vers une sentimentalité débordant toutes les libérations précédentes.

Ce qui n'a pas peu contribué à ce désir — peut-être provisoire — d'approfondissement, c'est incontestablement l'invasion irrésistible, depuis quinze ans, des termites sexologues dans la petite planète où l'on jacasse des choses intimes. Ces braves spécialistes se répandirent à travers micros et gazettes en utilisant un discours hallucinant de normalisation, jetant sur nos privatisations intrinsèques un regard de vétérinaire ; il faut faire l'amour comme ceci, dans telle ou telle position, la bonne moyenne se situe à tant de rapports par semaine, le pénis de Cromwell dans le nez de Cléopâtre n'est pas une perversion et peut s'expliquer par l'enfance du chef ; les sexologues avaient réponse à tout et tiraient au bazooka sur tous les mystères, les zones d'ombre, les moments furtifs, les attouchements légers qui préludent aux grands embrasements. C'est aussi contre une vie sexuelle éclairée au néon implacable d'une pseudo-science que s'élèvent un certain nombre de ceux qui refusent désormais les normes imposées de l'amour physique.

Aujourd'hui, l'extension du fléau aidant, ces derniers risquent de se retrouver dans les rangs d'une majorité de moins en moins silencieuse, dont le taux de frustration aura bientôt dépassé le taux de productivité. Le brave Hegel avait vu juste : les consciences malheureuses s'empêtrent dans leurs contradictions. Prêtres et médecins nous homélisent ; le seul amour sans risque est celui qu'on ne fait pas. Traduction américaine : « The only safe sex is no sex. » Lumineux. Si vous voulez être absolument garanti contre l'agression, l'accident, la maladie, les méfaits du hasard, l'angoisse métaphysique ou les maux d'estomac, une seule solution : mourez tout de suite. A six pieds sous terre, vos risques sont évidemment diminués.

La chasteté contre le virus ? Non, non, mille fois non. L'immense tristesse qui régnera sur un monde sans désir se transformera bien vite en une maladie autrement plus grave, et en des violences autrement plus destructrices. La seule morale saine restant que chacun, librement, en toute responsabilité, puisse choisir sa voie. Sans évidemment empiéter sur le destin des autres.

11

Témoignage de Margot, jeune femme de trente-cinq ans, qui a travaillé, aux Etats-Unis, en Inde et en France, à l'obtention d'une véritable maîtrise mentale et corporelle :

« J'ai appris à me nourrir autrement, et à répondre à certaines questions que je me posais lors de mes études en Sorbonne. Je me disais que tous ces systèmes philosophiques ne m'ont jamais enseigné comment faire l'amour encore mieux. J'ai appris, par exemple, comment faire circuler la sensation orgastique non seulement dans la région génitale, mais à travers tous les centres du corps... Je suis pour une certaine ascèse ; celle-ci enseigne le contrôle de soi, et la découverte d'un équilibre intérieur. L'ascèse prépare et multiplie la fête. On ne renonce momentanément au sexe que pour mieux y retourner. Par exemple un jeûne de trois jours, où l'on ne boit que de l'eau, ne peut que purifier, nettoyer l'estomac et l'intestin. Et surtout, au moment de la reprise alimentaire, l'on découvre de nouvelles sensations gustatives : les perceptions sont affinées. On mange généralement sans penser, sans faire attention à ce que l'on avale. Il en va de même pour les sensations : on marche dans la rue, on est pressé, à peine le temps de regarder sa montre. Là, on nettoie son miroir, on réapprend l'alphabet des sens... La sexualité, c'est quelque chose à comprendre, à traverser totalement, à explorer et à célébrer, et une fois que ça a été fait, c'est aussi quelque chose qui peut tomber de soi-même. Car l'énergie sexuelle dont on dispose va s'exprimer et vivre à un autre niveau — celui du cœur, celui du mental — ce qui ne l'empêchera pas de procurer une satisfaction complète. Je peux aussi bien faire l'amour avec mon écriture, entrer dans un état de totale concentration, conscience, ivresse, et lucidité. C'est aussi une fabuleuse expérience. Je l'ai fait : c'est comme si j'étais avec un type en train de faire l'amour. Tout dépend du développement de cette conscience qui permet d'aller très loin dans n'importe quelle jouissance, dans le fait d'avaler une bouchée de nourriture, de boire un verre, de regarder, de sentir. »

Voici peut-être une des bonnes manières de rester vivant sans tomber dans les aberrations de la chasteté absolue. Le fantôme à la longue faux nous incite à aller toujours plus loin, toujours plus haut, dans la recherche de nos plaisirs ; à abandonner la précipitation désordonnée de la mouche qui se débat dans la toile d'araignée de l'air du temps ; à travailler son corps et son esprit de façon non seulement à les rendre plus forts, mais également plus aptes à intégrer le bonheur d'où qu'il vienne, si ténue qu'en soit la source. Plus existeront recherche, ascèse, élévation, moins la maladie trouvera de brèches par où s'infiltrer et effectuer son sale travail.

12

Allongez-vous, tous les deux. Défaites la journée : rendez-vous, téléphone, factures, signatures, métro, embouteillages, rappels, notes de frais, repas, places de théâtre. Vous êtes ensemble. Vous avez ouvert une bouteille de Veuve Clicquot ou de Lynch-Bages, placé sur votre magnétoscope l'enregistrement du *Facteur sonne toujours deux fois*, ou vous contemplez *La Dolce vita* en version originale sur FR3. Vous vous déshabillez, prenez un bain chaud, mousseux, et vous lavez mutuellement avec la précision tendre d'une attention qui mérite enfin son nom. Recyclez-vous. Devenez Thaïlandais, apprenez les joies du « body-body », et ne me dites pas que votre salle de bains n'est pas assez grande pour y poser un matelas pneumatique sur lequel, couverts de savon, vous glisserez l'un sur l'autre en utilisant toutes les parties de vos corps comme organes de pression. Le message ici est le massage. Ce ne sont plus seulement les mains qui participent, mais les seins et les fesses, les oreilles et la queue, le dos et le ventre : vous surfez à volonté sur la houle infinie de la satisfaction caressante. Et l'orgasme surgit souvent au détour du chemin.

Douce déchirure du temps. Manuélisez-vous jusqu'à plus soif. Utilisez crèmes et onguents, laits et huiles, talquez-vous l'un l'autre, sans aller tout de même jusqu'à la couche-culotte. Retenez-vous le plus longtemps possible, vous n'en exploserez que mieux quand la main du masseur aura accompli son parcours initiatique. Alphabétisez-vous. Votre corps est une langue étrangère, celui de l'autre une seconde langue. Prenez le temps de tous les exercices, en utilisant le magnétophone, vos Assimil intuitifs, vos Berlitz fantasmatiques. Et n'oubliez jamais que l'avenir appartient aux polyglottes qui seront restés sains et saufs. Peuvent vous y aider l'apprentissage de la respiration, les cours de yoga, ou — beaucoup plus difficiles à atteindre — les voies du tantra. Mais quelle que soit la discipline que vous adoptez, le temps est et restera votre meilleure assurance tous risques.

Et à ceux qui prétendent que la caresse partagée n'est qu'un simulacre de jouissance, une prothèse peu glorieuse du don juanisme nécessaire, Jean-Jacques Rousseau répond superbement : « J'ai peut-être eu plus de plaisir dans mes amours en finissant par une main baisée que vous n'en avez jamais dans les vôtres en commençant tout au moins par là. »

13

Mes bien chers frères, mes bien chères sœurs, avec moi répétez tous en chœur : il est temps de retrouver, chacun pour soi, le geste auguste du semeur. Qui d'entre nous n'a point commencé par la découverte éblouie d'une protubérance qui ne demandait qu'à grandir, pour peu que les intellectuels redevinssent manuels ? L'espace d'un sein nu entre deux chemises, le petit Paul Valéry, tout émoustillé, redécouvrait la millénaire déclaration des doigts de l'homme. Quelle jeune fille en pleine adolescence pubère, rougissante et ravie à la lecture des « Onze mille verges » d'Apollinaire, n'a-t-elle point glissé la main vers sa somptueuse forêt d'émeraude, pour en caresser le bouton d'or et les vals fleuris, les roses bonbon et les sources claires, afin de se donner le plaisir qu'elle avait encore peur de prendre avec je ne sais quel gamin couvert d'acné dont l'ignorance n'aurait eu d'égale que la maladresse ?

Oui, nous commençâmes tous par ce qui est encore, hélas pour eux, l'habitude triste des prisonniers, le va-et-vient furtif des séminaristes que pardonnent cinq pater et dix ave, l'exercice le plus commun des nuits de chambrées militaires, à l'heure où les verges du contingent se préparent aux petites manœuvres du service obligatoire : la masturbation fut trop longtemps synonyme de solitude et de rejet, providence floue des mal-aimés, consolation des veuves post-ménopausées, prix de rattrapage des disgracieux, maladie de Quasimodo après la vision d'Esmeralda. Il est temps de réhabiliter cet acte, dont on sait désormais, en dépit des rumeurs, qu'il n'est absolument pas à l'origine de la surdité.

Car enfin, quels dangers mortels

s'agit-il aujourd'hui d'éviter, si l'on n'est point absolument sûr du sang et du sperme de son partenaire habituel ou de rencontre ? Il importe de se prémunir contre tout transfert de technologie virale dans des structures d'accueil hélas trop enclines à les accueillir, depuis que le premier homme s'allongea sur la première femme.

Plus de prises à la hussarde dans des toilettes anonymes, mus que vous êtes par l'irrépressible désir de planter votre drapeau en territoire conquis ; plus de viols barbares dans les terrains vagues de la pré-délinquance où l'on se relayait pour abuser honteusement d'une pauvre victime qui n'avait eu que le tort de passer par là. Plus question pour le cadre libidineux et sa nouvelle secrétaire ambitieuse de s'enfermer à double tour pour se juxtaposer sauvagement sur le bureau ; quant à l'éventualité qui consiste à rencontrer une superbe créature dans un dîner en ville, de constater que vous ne lui déplaisez pas, de flasher sur elle comme une bête et de la trousser, ensuite, dans son escalier car la peur du danger stimule vos testostérones, oubliez. Danger. A moins que vous ne soyez adepte de la roulette russe et du truisme statistique qui consiste à dire qu'il n'est pas plus dangereux, entre inconnus, de s'emmancher sans précautions que de se faire renverser par une voiture, il vaut mieux tourner sa langue sept fois dans sa bouche avant de la livrer à n'importe quelle petite chatte en mal de Ron-Ron. Je m'empresse ici de saluer tout de même ces princes et ces princesses du risque, ces chevaliers sans peur, sinon sans reproche, qui dédaignent toute prudence en répétant que la vie est courte et qu'ils ont toute la mort pour se reposer ; respectons les choix de chacun, tout en rappelant que l'ultime expression de sa liberté consiste tout de même à ne pas disposer impunément de celle des autres...

14

Humphrey Bogart mettait son imperméable. Nos vaillants pioupious de 14-18 fonçaient sur l'ennemi, le tambour bat, le clairon sonne, qui reste en arrière, personne, et ils se faisaient allègrement massacrer en capote bleu horizon. Il pleut aujourd'hui des rétro-virus infâmes : ouvrons nos parapluies en latex. Le préservatif est le plus vieux garde du corps de l'Histoire : le monarque crétois Minos en usait déjà, quand il partait à la poursuite de Pasiphaé, n'hésitant pas à revêtir l'attribut le plus noble de son antique individu d'une protection en vessie de poisson : vertiges de l'amour... Tous les matériaux défilèrent : rate de mouton, intestin de veau, et, pour contrer les ravages de la syphilis, le sac de lin imbibé de teinture de Gabriele Fallopio. Ce que la marquise de Sévigné appelait « cette cuirasse contre l'amour, toile d'araignée contre la vérole », faisant déjà l'objet d'âpres controverses entre mécréants en rut — et en peur — et les docteurs de la foi qui ne pouvaient supporter que l'on ébréchât le couloir sacro-saint qui, de par la volonté divine, menait de la sexualité à la procréation. Qu'un fragment de vulgaire textile se mêlât ainsi de disputer les desseins de Dieu, cela ne se pouvait ! Cela fut.

Casanova, au nom de la nature, ne pouvait supporter cette adjonction de « peau morte » sur une chair entièrement dédiée au plaisir. Mais à force d'engrosser des dizaines de paysannes et de duchesses, qui n'en pouvaient mais, il vola un jour à une ravissante nonne viennoise qui lui fit passer une nuit magnifique, un sac entier de condoms qu'elle conservait pieusement pour les fêtes du couvent. N'étant pas un ingrat, il lui écrivit des vers enflammés qui figureront plus tard dans ses œuvres complètes. Et, au crépuscule de sa vie terrestre, force lui fut de reconnaître que l'inventeur du préservatif était un homme de bien.

Tous les experts s'accordent sur le fait qu'en ces temps de maladies sexuellement transmissibles et potentiellement mortelles, la capote masculine reste le seul instrument fiable de prévention. Aujourd'hui, nous avons dépassé le caoutchouc du XIXe siècle, et même le plastique grossier du XXe pour arriver au latex à 0,03 mm d'épaisseur. Les distributeurs automatiques de préservatifs champignonnent dans les campus universitaires, les boîtes de nuit, et jusqu'aux établissements spécialisés dans l'échangisme sexuel, que le virus envahissant risquait de réduire peu à peu à l'état de terrain vague, eu égard à son goût vif pour la promiscuité orgasmique et la chaude atmosphère des empoignades collectives. Les temples parisiens de la convivialité orgiaque n'ont pas manqué le tournant.

Amers paradoxes du libéralisme : afin de pouvoir continuer la libre circulation des flux libidinaux et des marchandises jouissives, il urgerait désormais d'instaurer la police prophylactique. L'ordre moral spermicide. D'autant plus nécessaire que 10 % seulement de Français utilisent cette arme d'autodéfense : on en vend quatre-vingt millions chaque année, contre cinq cent quarante-deux millions en Grande-Bretagne. Nul doute, cependant, que l'industrie du latex protecteur ne connaisse une croissance exponentielle dans les mois à venir. Si l'on examine les ventes du produit aux Etats-Unis, force est de constater qu'il a été dépensé cent quatre-vingt-deux millions de dollars en 1980, et quatre cents millions de dollars en 1990, pour son acquisition. La publicité pour le sexe « sauf » y est désormais non seulement tolérée, mais recommandée, et la moitié des acheteurs sont

des femmes qui n'hésitent pas ainsi
à prendre l'initiative face à des
mâles hésitants, timides et quelque
peu empêtrés au moment du passage à l'acte.

Les temps sont difficiles pour le
romantisme. Imaginez les futurs
amants déjà haletants, fous de
désir, ivres de caresses, au bord du
gouffre, prêts à l'explosion, je te
veux, dit-il, prends-moi, dit-elle, et
c'est à ce moment précis, alors que
doivent commencer les prolégo-
mènes éblouis du nirvâna annoncé,
que surgissent les mots terribles :

— Oui, chérie, je viens, mais
as-tu préalablement placé ton tam-
pon spermicide Pharmatex au chlo-
rure de benzalkonium ? Hein ?

— Oh oui ! Oh oui ! D'autant
que ça arrête le virus en laboratoire ! Et toi, chéri, t'es-tu muni de
ton Manix Futur supertexture
gravé, avec aigrette au bout ?

— Ne crains rien, mon aimée,
j'ai suivi les instructions de « 50
millions de consommateurs ».

Etourdissant dialogue, propre à

élever encore, si faire se pouvait, l'apnée du couple. Dans son très beau film, « Mauvais Sang », le jeune réalisateur Léos Carax montrait la jeune héroïne à genoux en train d'« habiller » son amant car, dans le pays, il est un étrange virus qui frappe ceux qui font l'amour sans être vraiment amoureux. Intronisation du condom dans l'esthétique contemporaine, qui ne va pas sans créer moult troubles dans les relations intersexes. Une enquête approfondie en milieu urbain permet de constater les conflits qu'engendre cette fine pellicule protectrice.

Mais pourquoi ne pas faire de cet inconvénient un avantage, de cette faiblesse une force ? Après tout, rien n'empêche les couples d'intégrer la pose du latex à leurs jeux érotiques. En témoigne cette histoire authentique qui survint à un ami, dans un grand restaurant parisien, et qu'il me conta : « Je dînais à une table avec une charmante amie ; à quelques mètres de nous,

un jeune couple devisait allégrement. Entre la fille et moi, le laser
des regards, la douce musique des
mimiques : le courant passe. Soudain, elle se lève, et se dirige ostensiblement vers les toilettes. Figure
classique. Je me lève à mon tour,
prétextant un besoin urgent. Je la
rejoins, désireux seulement de lui
demander son numéro de téléphone. Nos regards se font plus
accentués ; comme nous étions
seuls dans les toilettes pour
femmes, nous nous embrassons
furieusement, nous caressons éperdument, je la trousse et lui enlève sa
petite culotte, elle me dézippe en
un tour de main, je la renverse sur
la lunette et, avec une dextérité
hallucinante, tout en m'embrassant
à langue que veux-tu, elle trouve le
temps de fouiller dans son sac, de
déchirer l'emballage et de couvrir
mon intimité d'un superbe gant
rose bonbon. Mon désir l'emporta
vite sur mon étonnement : nous
nous prîmes avec ferveur et explosâmes presque aussitôt, le piquant

de la situation nous ayant enflammé les neurones. Le tout n'avait pas duré cinq minutes. Nous nous rajustâmes et elle me précéda à sa table, non sans m'avoir donné ses coordonnées.

Quelques jours plus tard, je lui téléphonai pour lui signifier mon admiration.

« Excusez-moi, j'ai dû vous surprendre, mais avec toutes ces histoires de maladies, je vous avoue que j'ai peur, et quand je ne connais pas...

— Mais non, mais non, je comprends très bien. Une question : faites-vous la même chose avec l'actuel homme de votre vie ?

— Ah, non !

— Ah bon ?

— Bien sûr ; le préservatif fait la sélection. J'exige de mon mec qu'il se protège avec les autres filles, mais pas avec moi, et réciproquement. Nous nous connaissons depuis trop longtemps pour risquer quoi que ce soit. »

L'absence de préservatif comme

preuve d'amour : qui l'eût cru, qui l'eût dit il y a encore deux ans ?

Et c'est le moment que choisit un certain nombre de « moralisateurs » déchaînés, puissamment aidés par un lobby ultra-conservateur pour vitupérer contre la campagne d'information pour les préservatifs en particulier et l'éducation sexuelle en général. Haro sur la bande dessinée, cette pelée, cette galeuse dont nous vient tout le mal. Sous prétexte que le capuchon peut craquer, il devient l'ennemi héréditaire, le Boche de 1914 ; et tous ceux qui prônent une information sexuelle véritable sont désormais voués aux gémonies, au nom de la providence et du « Croissez et multipliez ». On croit rêver. Deux siècles après Diderot, Voltaire et d'Alembert, le rétro se fait triste. Et agressif. Comme au XVIIIe siècle, l'Eglise, une fois de plus, a quinze trains de retard et ne se rend pas compte de l'immense danger de sa récente prise de position. En dépit de pieuses homélies natalistes et des discours apocalyptiques sur la fin de l'homme blanc, il importe de ne pas se faire d'illusions : faute d'une indispensable prudence, en vérité je vous le dis, le seul qui grandira et proliférera c'est notre ennemi intime, notre virus hélas si présent.

Terrifiant paradoxe de cet étrange retour aux années 50 : à l'époque le port du condom était une assurance contre la procréation ; aujourd'hui il est unique garantie contre la décréation. Ruses de la raison...

15

Doucement, implacablement, l'arsenal se met en place. Au nom de la démocratie et des Droits de l'Homme, vous serez peu à peu amenés à ne plus boire, ne plus fumer, ne plus baiser. Cancer du poumon, cadavres sanguinolents pour carambolages de week-end, séropositivité, voilà ce qui attend les irresponsables qui osent encore s'adonner à ces perversions majeures. Que l'on ne s'y trompe pas : la nouvelle Inquisition ne se fera pas, en Occident, au nom de Dieu ou de ses Eglises, deux siècles de laïcité ayant tout de même fait leur chemin. L'offensive se place sous la bannière ô combien efficace du « bien public », de la santé et de la lutte contre les pollutions nocturnes ou matutinales. La censure devient civique. La répression, vertu gestionnaire de pouvoirs travaillant évidemment au bonheur suprême de leurs administrés. Quoi ? Vous vous preniez pour un adulte apte à décider librement de sa vie et de son corps, de sa santé et de son comportement ? Vous nous la bâillez belle, jeunes présomptueux, répondent ministères, polices et professeurs. Nous ne pouvons vous pardonner car vous ne savez pas ce que vous faites. Nous savons mieux que vous ce qui vous convient et vous forcerons à la santé et à la sagesse puisqu'il n'est pas d'autre moyen de vous faire entendre raison. Et surtout que l'on ne nous accuse pas d'un quelconque retour à l'ordre moral et autres imbécillités démodées ; nous sommes les humbles travailleurs de la survie de l'espèce. Puisque vous êtes incapables de voir où est votre bien, nous vous condamnerons à la vertu perpétuelle.

Désormais, les fumeurs iront s'inscrire directement à l'ANPE :

cela fera gagner du temps à tout le monde. Les buveurs seront parqués dans des bistros de concentration, en attendant les camps de rééducation où quelques kapos feront pleuvoir en permanence l'eau neuve de leurs cellules. A la télévision, les représentations sexuelles ne seront diffusées qu'entre deux heures et quatre heures du matin, ou alors dépeintes de la façon la plus sordide et la plus négative possible. Torquemada a mis sa blouse blanche et prêche cathodiquement tous les matins. Il s'agit, comme toujours, d'être dans la norme et de chasser le marginal de telle façon qu'il ne revienne plus jamais au galop. Tous ces braves mutileurs ont oublié qu'il y a déjà belle lurette que la marge a rejoint la page. Il paraît — portes ouvertes, que de crimes en votre nom — que les Etat-Unis réfléchissent notre avenir. Un projet de loi actuellement en discussion au Sénat stipule que si un coupable de crimes sexuels prétend avoir été influencé, pour commettre son acte, par un film, un livre ou un magazine, les parents de la victime pourront se retourner contre l'éditeur, l'auteur, le metteur en scène, le producteur et les distributeurs de l'œuvre, et les faire lourdement condamner. Point n'est besoin de génie pour mesurer les conséquences de pareils oukase uniquement fondé sur la foi que l'on peut légitimement accorder aux propos d'un violeur, d'un tortionnaire et d'un assassin. On pourra mettre à l'amende n'importe quel créateur, et plus aucun producteur ou éditeur ne permettront l'éclosion d'œuvres audacieuses, originales, neuves… Ainsi disparaîtra à jamais le cercle des poètes dont les paroles ont déjà de la difficulté à émerger.

Ami, entends-tu le vol noir des corbeaux sur nos plaines ? La grande implosion, à l'Est comme à l'Ouest, redonne vigueur à leurs croassements. Amérique désenchantée, où une classe moyenne en perte de statut et d'emploi se cherche des boucs émissaires ; URSS définitivement éclatée où des queues de plus en plus longues devant des magasins de plus en plus vides se cherchent désespérément des repères ; Sud ravagé par l'incurie, la maladie et la misère, lorgnant rageusement vers l'hémisphère des nantis ; Europe à la recherche d'un mariage entre tradition et modernité, inquiète de son devenir entre le souffle chaud des dragons asiatiques et les fantasmes d'une immigration contre laquelle elle rêve de se barricader. Ces millions de frustrations, d'aigreurs et de désespoirs sans boussole ne peuvent que faire la fortune des fabricants de certitudes clés en main. En ces périodes où tout semble se déliter, la contrainte apparaît comme une séduisante bouée de sauvetage. Les censeurs jubilent — leur jour de gloire est arrivé. Ils vont pouvoir faire le ménage, avec la bénédiction de gouvernements qui soupireront : toujours ça de pris, ça va les occuper pendant que nous tâcherons de colmater les brèches. L'inquiétant est que certaines démocraties, doutant d'elles-mêmes, aux prises avec le chômage et l'insécurité, affolées par les médias, tentent à leur tour la pente facile et grotesque de la répression « morale ». Au nom de la protection des enfants, de l'image de la femme, du respect des personnes âgées, on interdit telle diffusion, on déconseille telle publication, on encourage vivement l'autocensure des journaux et des médias audiovisuels. Ainsi commence la grande lessive. Qui — et selon quels critères — décidera qu'une œuvre est « obscène » ? Ne répondez pas tous à la fois.

Les féministes elles-mêmes n'ont pas été épargnées par la vague répressive : leur combat si nécessaire, si légitime, en un temps où, dans trop de pays encore, la femme reste la dernière colonie de l'homme, revêt ces temps-ci des dimensions inquiétantes. Faut-il, au nom d'une lutte tout à fait compréhensible contre le harcèlement sexuel, condamner un Mike Tyson à des années d'emprisonnement parce qu'une jeune fille est allé visiter sa chambre d'hôtel ? Est-il vraiment nécessaire de combattre les excès d'un certain marché pornographique par une déclaration de guerre civile entre les sexes dont ne profitent, à la fin des fins, que les ennemis mortels de la jouissance ? Je n'en suis pas si sûr. La sainte alliance objective de celles qui brûlèrent leurs soutiens-gorge avec ceux qui brûlent les livres de Salman Rushdie ne laisse pas d'engendrer quelque inquiétude.

16

Les interrogations se pressent, et les angoisses, et les incertitudes : collectivement, la vie sexuelle va-t-elle connaître son infranchissable mur des lamentations ? N'aurons-nous bientôt qu'à contempler l'alternative unique : amour de la fin ou fin de l'amour ? Aimerons-nous désormais par procuration, comme nous y incitent les sex-shops, les magnétoscopes, les peep-shows, les messageries érotiques du Minitel, les téléphones roses à deux cents francs la conversation de quinze minutes, le poids de leurs mots, le choc de leurs photos ? L'on pouvait, il n'y a guère, dauber ces prothèses audio-visuelles d'un instinct génésique fatigué avide d'adjuvants aptes à fouailler les sens surmenés. L'industrie pornographique, outre sa capacité à faire jouir les solitudes disgraciées, pouvait contribuer aux après-midi de faunes en mal d'inspiration, ou aux travaux pratiques de collégiens ravis de découvrir que le sexe d'une femme ne se situait pas exactement à la place du nombril (ne souriez pas : cela s'est vu). Ainsi s'élevait, à coups de millions de dollars, et pour la première fois dans l'Histoire, le musée imaginaire des représentations coïtales à la portée du plus simple des citoyens. Certes, des fresques de Pompéi et des sublimes temples de Konarak aux illustrations d'*Histoire d'O* par Leonor Fini, la représentation de la sexualité brava depuis toujours la soi-disant toute-puissance des interdits ; mais la technologie moderne eut tôt fait de la démocratiser en produits de supermarché, que chaque ménagère désireuse de remplir son panier pouvait acquérir à un prix défiant toute concurrence. Les marchands du temps d'Eros se frottaient les mains : les sexologues essayaient de soigner impuissances, frigidités et autres blocages, et ceux-là n'étaient pas rares qui assuraient que quatre-vingt-dix minutes de « Gorge profonde » remplaçaient avantageusement dix séances de sexothérapie non remboursées par la Sécurité Sociale. Les discussions faisaient rage, mais il n'y avait que l'embarras du choix.

HIV, terrible visiteur du soir, phagocyte la ronde des alternatives. Désormais, pour un temps, sida est grand et Simulacre est son prophète. Nous sommes bien partis pour effectuer le même saut dans le celluloïd de nos fantasmes préfabriqués que celui de l'héroïne de Woody Allen dans *La Rose pourpre du Caire*. Désespérée par sa vie quotidienne, Mia Farrow, Alice au pays des merveilles du septième art, avait traversé le miroir pour rejoindre son bel explorateur ; apeurés par les risques aujourd'hui connus de la rencontre amoureuse, n'inclinerons-nous pas à nous réfugier dans le cocon suave des voix mouillées et des mots brûlants nés de la loi de l'offre et de la demande, dans un berceau offert gracieusement par le ministre des PTT ? Dans la période difficile qui s'annonce, le moyen de refuser ces inoffensives tentations : déjà, la crainte de la maladie dont on ne guérit pas vide les trottoirs chauds des grandes villes, sur lesquels les symboles vivants de l'exutoire des masses errent, comme frappés par une foudre d'autant plus menaçante qu'elle n'a pas encore éclaté ; les travelos du Bois font la queue pour le billet de retour vers Rio et Recife : l'an zéro du sexe pointe son mufle à l'horizon des inquiétudes statistiques : on arrête tout, on réfléchit, et ce n'est pas très gai.

Non, nous n'allons pas nous laisser faire, et devenir les collaborateurs trouillards et soumis de l'occupant viral. Nous avons perdu une bataille, mais nous n'avons pas perdu la guerre. Le plus urgent, face à cette offensive généralisée de l'instinct de mort, est de garder son sang chaud, de ne jamais perdre de cœur ni de mémoire la sublime intensité des transports affectifs, et d'entretenir bien vivante la flamme de l'Amoureux Inconnu sous nos Arcs de triomphe en bas résille et talons aiguilles. Soyons consommateurs, puisque l'on nous veut proscrits. Le virus qui nous occupe n'appartient pas à la nébuleuse du débat d'idées : bien réel et bien mortel, il nous incite, dans notre perpétuel jeu de go avec une fin prématurée, à utiliser, pour une fois, l'image et le mot comme préservatifs. Le sida nous force en effet à contourner une partie de l'archipel du vécu pour utiliser la profusion des formes et des sons, non plus comme des zombies fascinés, mais comme de très réels instruments de survie libidinale. Imagination morte imaginez : le vieux mot d'ordre de Beckett est plus que jamais à l'ordre du jour, à l'heure où la longue marche des plaisirs passe obligatoirement dans un champ de mines. Ce n'est plus *contre*, mais *avec* les instruments de la société du spectacle que nous devons désormais résister. Le spectre de la mort subite retourne comme un gant nos stratégies de retrait. Nous comptions sur l'espace infini des jouissances intimes : il se dérobe sous nos pas. En attendant la découverte d'un éventuel vaccin, nous luttons à armes inégales : à nous d'apprendre à maîtriser le mieux possible les machines célibataires de la marchandise sexuelle, envers laquelle nulle passivité ne pourra être tolérée.

Prêts pour l'inventaire ?

A) Minitel

La petite boîte est là, bien tranquille, silencieuse, fidèle, sur mon bureau. Ecran vierge bleuté. Je pousse le bouton : un petit F s'illumine en haut à droite. Je compose 36.15 sur mon téléphone à touches, j'attends le sifflement usuel pour appuyer sur la touche de connexion. Le F se transforme en C tandis que s'inscrivent à toute vitesse les formules de Télétel 3.

Je choisis mon pseudonyme, et rejoins immédiatement l'immense cohorte de ceux qui, par milliers, à la même minute, à la même seconde que moi, assis, à quatre pattes, accroupis, couchés, se préparent au rituel télématique. Dans la chaleur ouatée de mon habitacle, je suis paré pour une aventure qui ne ressemble à aucune autre en ce qu'elle est strictement sans risque : je suis anonyme, je peux correspondre avec qui je veux, pianoter les pires insanités, les obscénités les plus choquantes, me prétendre incestueux ou scatophage, violeur d'enfants ou pilleur d'église, assassin ou victime, nulle sanction au bout de mes délires, nul obstacle à mes envolées : si mes finances m'y autorisent, je puis y passer la nuit qui — au diable l'avarice — me coûtera cinq cents francs au plus.

LE PARTI

Ils sont là, mes semblables, mes frères en pseudonymat, avec leurs numéros, comme les masseuses alignées en rang d'oignons dans un salon spécialisé de Bangkok. Je suis le maître, je choisis mon interlocuteur, mais à la différence des bordels thaïlandais, celui-ci est libre de ne pas répondre à mon message. Je butine, virevolte, me promène de « Marianne » en « O », de « Pute » à « F soumise », de « Nicole 18 a. » à « Douceur », en passant par « Sade », « Madonna », ou « Elise ». Je puis être, dans la vie, cadre très moyen ou veilleur de nuit, secrétaire de direction ou fleuriste en gros, attachée parlementaire ou étudiant en droit ; je puis être en peignoir ou en caleçon, habillé ou nu comme un ver, une plume dans l'arrière-train ou des chaînes aux pieds, en train de me faire mignardiser par ma fiancée ou en train de recevoir l'hommage de mon mari, solitaire et glacé dans ma chambre ou festoyant joyeusement avec des amis, le Minitel n'en a cure : il est le lieu géométrique des imaginations et des envies.

Situation saisissante : règnent à la fois, le regard du sourd, et le cri des muets. Silence de la machine, atonie d'un dialogue sans voix, sans souffle, sans sonorité, sans interruption ; langage blanc. En attendant le Minitel à images, il s'agit bien d'un devoir de formulation que les plus analphabètes enregistrent avec un plaisir immense, membres à part entière du club très privé des lanceurs de bouteilles à la mer. Point de contagion par la machine, si ce n'est l'apprentissage de la dépendance envers ce nouvel opium du peuple, drogue douce de la nécessité de s'exhiber, de se donner à lire, et d'attendre avec émotion le déshabillage verbal de l'Autre, tout auréolé d'absence, fantôme tremblotant dans la douce lumière des fantasmes d'appartement ou des évasions de bureau. Je ne suis plus ici téléspectateur en état de réception permanente, et dont les réactions face à ce qui se

passe sur le petit écran ne touche-
ront que moi-même, et à la limite
mon entourage ; la petite machine
télématique exige ma participation
active pour que le jeu continue : à
moi de me montrer, par la seule
force de mon vocabulaire, brillant,
cynique, roué ou romantique. La
planète a disparu, et les hommes et
les femmes, et les bruits et les
odeurs, et le goût et le toucher :
restent ces chapelets de mots jaillis
de nulle part, galets blancs dans la
nuit électronique, hiéroglyphes
dérisoires sur les temples
d'aujourd'hui, graffiti éphémères
dont la vie et la mort dépendent du
caprice du télémateur. Du moins,
dans cet univers de signes témoi-
gnant d'une volonté éperdue d'exister, au-delà même de ce que nous
pourrions avoir à dire, l'échange,
comme valeur encore reconnue,
revêt toujours une signification. Il
est permis d'espérer ici, face aux
pulsions de peur et d'exclusion,
une tentative fragile de maintenir,
coûte que coûte, le contact, ne

fût-ce que pour se prouver à soi-même que l'on ne s'est pas, l'espace d'une panique, transformé en légume.

Apprivoisez donc votre Minitel, organisez-vous en réseaux, et n'hésitez pas à plonger de temps à autre dans le bain moussant des mots de la tribu.

B) Le téléphone.

« Allô, bonjour, vous désirez une conversation ? Ne quittez pas, je vous mets en relation avec l'hôtesse qui va vous renseigner. » — « Bonjour. Quel est ton prénom, le numéro de ta carte de crédit, sa date d'expiration, le nom de ta banque, ton numéro de téléphone ? On te rappelle dans cinq minutes. » L'hôtesse demande sur Minitel un accord au centre de cartes de crédit, puis s'enferme dans une cabine où, près du téléphone, se trouve un magnétophone. Elle rappelle le client et enclenche le système d'enregistrement : « Allô, je suis bien au 32.10.18.27 ? C'est Yves ? C'est Charlotte. J'ai l'accord de ta banque pour notre conversation. Dans quel journal as-tu lu notre annonce ? Parfait. Tu me rappelles tout de suite, au même numéro, et tu me demandes au standard. » Elle raccroche et stoppe l'enregistrement. Le client rappelle : comme chez le psychanalyste, c'est évidemment lui qui paie l'entretien. Mais l'immense avantage sur les épigones de Lacan, c'est que cela dure moins longtemps et coûte tout de même beaucoup moins cher. Et comme disait un grand assidu des numéros où l'on libicause : « J'adore ça pour trois raisons : je m'envoie en l'air vite et bien, sans bouger de mon bureau ; je ne trompe pas ma femme ; je ne risque pas d'attraper des maladies. »

Rupture totale avec l'univers télématique. Le verbe s'est fait son, souffle, gémissement, gargouillis, animation. Une voix féminine devient à mon gré tendre ou violente, maîtresse ou soumise, coquine ou austère, entièrement modelée selon mes orientations fantasmatiques. La jouissance à domicile, sans risque. Disparues, les velléités de communications interactives, la rumeur égrillarde ou libertine du forum minitelisé : ici, la voix remplace les yeux pour des étreintes imaginaires, bulletins d'informations très secrètes distillées par quelqu'un que l'on ne connaîtra jamais. Voix rigoureusement anonymes, qui vous susurrent cependant d'affriolantes obscénités qui vous auraient, hypocrites lecteurs, lectrices alanguies, profondément choqués si vous les eussiez entendues dans la bouche de votre légitime. Vous voici transportés, pendant quelques minutes, en plein conte des mille et une nuits ; Shéhérazade ou Rambo vous disent en détail ce qu'ils sont en train de vous faire, ce qu'ils éprouvent quand vous le faites, deviennent vos partenaires insatiables, brament d'admiration devant vos prouesses, et vous demandent, à l'issue de la conversation, de les rappeler très vite car ils ont été tellement heureux avec vous...

Jeux de rôles : vous avez payé deux cents francs pour être le personnage de vos rêves et en jouir intensément car, vous en avez eu le témoignage oral, aucun être ne vous résiste. Douce illusion tarifée du médium téléphonique : tout se passe comme si vous faisiez l'amour avec votre oreille, devenue réceptacle privilégié, témoin incontestable d'une éruption de plaisir qui vous demanderait, en temps réel, combien d'heures et d'efforts pour l'obtenir...

Tout le malheur de l'homme, disait le charmant Blaise Pascal, vient de ce qu'il ne peut rester seul dans une chambre. Aujourd'hui, avec son Minitel, son téléphone et son magnétoscope, il peut. Ce qui ne veut pas dire que le malheur ait disparu.

17

Je ne vous ferai point l'injure de croire un instant que vous ignorez le Kama-Soutra, ce somptueux classique de l'érotologie, qui a codifié une fois pour toutes les positions grâce auxquelles l'homme et la femme peuvent se donner le plus doux des plaisirs. Toutes ces figures, admirablement sculptées dans la pierre des temples de l'Inde, impliquaient généralement la pénétration ; voluptueuses géométries dans l'espace des corps ployés, couchés, pliés, tendus, recroquevillés, arrondis, cassés, étirés, agenouillés, debout. Il est évident que la plupart de ces figures de ballet perdurent, en dépit de la panique ambiante.

Mais il en est d'autres, plus inédites, moins usitées, que la nouvelle morale sexuelle — qui une fois de plus a besoin d'imagination et d'adaptation — suscite chez les machines désirantes que nous ne voulons jamais cesser d'être.

Vous êtes à deux, vous vous plaisez (beaucoup), vous vous désirez (à la folie), mais vous n'avez pas envie d'attraper le virus (pas du tout). Le nouveau Kama-Soutra vous donne les innombrables possibilités d'être heureux. Pas *avant* le coît, ni *après*, ni *pendant*, mais *à la place*. Eblouissante innovation.

Vous pouvez donc, abandonnant le vieil aérobic compliqué, choisir entre :

Les manifs : aiguisez votre sens politique ; découvrez l'orgasme en scandant les slogans de la victoire finale ; transportez-vous d'infinie allégresse en foulant les pavés de la résistance à l'oppression ; vous constaterez que lever le poing est presque aussi gratifiant qu'une érection non désirée ; qu'importe l'organe, pourvu qu'il soit brandi...

D'EN JOUIR

Les matchs de football et de rugby : même type de jouissance que dans la situation précédente, avec ce petit supplément d'âme procuré par l'impatience de voir son équipe l'emporter, et ce râle de la foule en rut : « On a gagné ! on a gagné ! » Nul amant n'oserait vous dire ça au lit ! Avouez-le, quelle frustration !

Les concerts de rock : quand votre idole se dandine sur scène, que la sono éjacule sans jamais s'arrêter sur vos décibels préférés, et que vous reprenez en chœur le refrain en une admirable orgie de 20 000 participants, vous vous verrez soudain planer au-dessus de la terre, pluie d'étoiles dans l'âme, kaléidoscope de couleurs vives, scintillement des lasers, folie de son, de lumière et surtout de rythme ; à la fin de la performance, en nage, rompu, harassé, vous aurez l'impression d'avoir fait l'amour soixante-deux fois. Et vous aurez raison.

La gastronomie : plus rien à craindre pour votre ligne. Ecartez-vous. Replongez dans la saine nourriture du terroir, gorgez-vous d'agnelets et de daurades meunières, de crème fouettée qui assouvira vos instincts sado-masochistes, de religieuses au chocolat et de tartes Tatin. N'oubliez aucun apéritif, aucun trou normand, aucun digestif. A nous les Pauillac sublimes, les bourgognes généreux, les sancerre subtils, les Traminer fruités. Et, au terme d'un bon repas, la panse pleine et le regard chaviré, vous dégusterez un bon cigare en vous disant que celui-là, au moins, n'a pas besoin d'être recouvert pour être apprécié...

Le sport : véritable mine d'or des fantasmes et des jouissances contrastées. Laissez-vous donc glisser, véliplanchistes voluptueux, sur la mer à peine calmée, embrassez sur la bouche les divinités nuageuses en deltaplane, alors que,

réalisant le rêve d'Icare, vous accé-
dez à un ciel qui déborde, et de loin
s'en faut, le septième. Courez sans
perdre haleine sur les sentiers du
jogging réparateur, faites comme
Sylvie, Bordelaise, quarante ans,
mariée, deux enfants. Depuis un
an, elle court quotidiennement sur
une distance de quatre kilomètres.
Récemment, il lui est arrivé une
expérience pour le moins insolite.
Elle voulait battre son propre
record et, au dernier tour, elle déci-
dait de se donner à fond. « Au
début, j'avais mal partout, je cher-
chais désespérément mon souffle,
et au bout d'un moment, je sentais
qu'il se passait quelque chose en
moi. Quelque chose de nouveau. Je
ne savais pas ce que c'était, et puis,
tout à coup, je me suis rendu compte : j'étais en train, tout simplement, d'avoir un orgasme ! J'étais
extrêmement embarrassée, mais la
seule chose que je pouvais faire était
de continuer à courir. C'était vraiment comme si j'avais fait longuement l'amour. Je ne sais pas quelle

en est la cause : peut-être le total abandon de mon corps, la volonté de me laisser complètement aller... »

L'exercice n'est peut-être pas le plus court chemin de soi au plaisir, mais il en prend bien l'allure quand on va jusqu'au bout de ses forces et de ses cohérences esthétiques. De ce point de vue, la pratique des arts martiaux, le saut en parachute, l'alpinisme en solitaire et la danse du ventre bien exécutée (il faut que le nombril dessine la forme d'un huit renversé, signe d'infini) représentent de nobles moyens de s'envoyer en l'air sans passer par le contact de deux épidermes.

Les sens interdits : Nous ne vous conseillerons jamais de glisser dans les glauques marécages de l'illégalité ; il est néanmoins d'inoffensives transgressions qui peuvent vous procurer, avec quelque effort, d'enivrantes sensations : par exemple, effleurer très légèrement l'admirable fessier d'une passagère du métro : la potentialité d'une gifle ne fera qu'accroître votre plaisir ; de même, mesdames, dans la même situation, frôlez délicatement la braguette particulièrement tentante d'un jeune homme bien fait de sa personne. Cela n'engage à rien, et procurera de bons souvenirs et de délicieuses émotions, entre Pasteur et La Motte-Picquet ; au cinéma, se livrer à un jeu de jambes savant avec votre voisine inconnue et visiblement accompagnée de son époux ; au restaurant, passer un petit mot à votre voisin de table fort sexy sans que votre petit ami s'en aperçoive ; photographier au polaroïd les sexes de tous vos amants... Tout est à faire !

Le jeu : est-il besoin d'évoquer les ivresses du baccara, le suspense de la roulette, les émotions du black-jack, la tension quasi érectile du poker, les tressaillements convulsifs de la machine à sous ? Ce n'est point par hasard que « casino » en italien signifie maison close. On y retrouve la même attente furtive, l'angoisse haletante du joueur au moment du rouge, impair et manque, la concupiscence effrénée des regards suivant la trajectoire de la boule beaucoup plus amoureusement qu'ils ne le feraient en contemplant le plus charnu des arrière-trains ; qui dira les gorges sèches, les voix altérées, le regard fixe et l'obsession monomaniaque des militants du hasard, merveilleux fous jouant à qui perd gagne leurs petits ou grands pécules ? Certes, on peut y perdre sa bourse ; mais c'est moins grave que d'y laisser sa vie. Et, pendant quelques heures, quelles émotions !

Danse : souvenez-vous d'André Gide : « Jette mon livre ». Et d'André Breton : « Lâchez tout ». Quittez un instant votre télé, votre Minitel et vos poupées dégonflables, et rejoignez la nuit des discothèques où, contrairement à ce qu'avance le plus imbécile des dictons, aucun chat n'est gris. Laissez-vous aller au vertige du funk, du rap, du reggae, de la salsa ; ondulez comme des bêtes devant vos partenaires, modelez l'espace, unissez-vous sans vous toucher, soyez, comme le râle superbement Grace Jones, esclave du rythme. Retrouvez aussi la délicieuse émotion du cheek to cheek, tendrement serrés dans un slow jamais démodé. Sans devenir une nouvelle victime des marathons style *On achève bien les chevaux*, devenez, l'espace d'une soirée, le John Travolta des faubourgs, le Gene Kelly des clubs privés, le Fred Astaire des *rave parties*. Peu importe la manière de danser, pourvu qu'on ait l'ivresse de s'employer à fond, syncopés à 200 000 volts sur les battements les plus fous des cœurs électroniques. Et quand vous serez bien en nage, exténués, heureux, ayant parcouru cinq kilomètres sur une piste de 30 mètres carrés, vous serez presque aussi comblés qu'après une nuit d'amour hasardeuse. Et, au cours de la soirée, vous aurez eu devant

vous, se déhanchant le plus dési-
rablement du monde, les plus jolies
filles et les plus beaux garçons de la
ville, avec lesquels vous aurez,
l'espace d'une danse, esquissé les
pires folies. Alors que vous n'auriez
jamais eu la chance de les rencontrer ailleurs. Et qu'une boîte de
nuit est tout de même plus sûre, eu
égard à la situation, qu'un lit douil-
let. Répondez donc à l'invitation
permanente de David Bowie :
« Let's dance ». Night Clubbing
can be as good a fucking... Some-
times !

18

Redécouvrir, donc, le plaisir d'apprendre à se connaître. A écrire de longues missives où l'on se raconte, se dévoile, s'appréhende ; à dire des confessions folles et tendres que l'on enregistrera sur mini-cassette, soixante minutes pour convaincre, le cachet de la poste faisant foi ; il lui enverra des roses rouges, elle répliquera par une orchidée ; il passera une petite annonce dans son journal favori pour lui répéter sur tous les tons, sur tous les temps, qu'il l'aime éperdument. Elle l'emmènera au Louvre pour le caresser discrètement devant la Joconde, qui esquissera un sourire encore plus appuyé à l'heure de l'extase. Il couvrira de graffiti passionnés tous les murs de sa rue, elle insistera pour le présenter à ses parents qui vivent en Meurthe-et-Moselle. Ils essaieront de ne plus se quitter. « Une de perdue, dix de retrouvées » : ce lieu commun de la sagesse des nations masculines tombe en poussière, au fur et à mesure qu'apparaissent les chiffres des nouvelles victimes ; le mathématicien le plus priapique hésitera devant une équation à dix inconnues. Le romantisme n'est plus un luxe, mais une nécessité.

Soyez donc trouvères de toutes les tendresses, troubadours de toutes les passions, soupirez pour votre belle et, une fois assuré de sa santé, gardez-la soigneusement. Les schémas antédiluviens reviennent en force : le certificat de séro-négativité est, dans les années 90, ce qu'était la preuve de la virginité il y a cinquante ans. Hier, et encore aujourd'hui, au Moyen-Orient, on exhibait les draps rougis au lendemain des noces ; à présent, on exhibera son permis de plaisir, délivré officiellement par l'hôpital

D'EN JOUIR

X. A la bourse des valeurs conju-
gales, le test tiendra lieu d'hymen.
Quant aux autres, ceux qui n'ont
cure des sanglots longs des violons,
des effeuillages de marguerites, des
monogamies prolongées, qui ne
vont pas se laisser abattre par le
pessimisme ambiant et veulent
continuer à jouir avec qui leur
plaira, il ne nous reste qu'à leur
souhaiter bonne chance en leur
demandant néanmoins de ne jamais
oublier que si un seul être vous
marque, tout est dépeuplé. Définitivement.

19

« Dieu ne joue pas aux dés, disait Albert Einstein à Niels Bohr.

— Cesse de dire à Dieu ce qu'il doit faire », répondait Bohr à Einstein.

Et nous, humains trop humains, à quoi jouons-nous ? Tout se passe comme si une force mystérieuse et quasiment invincible nous poussait, insidieusement, vers la réclusion existentielle à perpétuité, vers des poumons d'acier admirablement design dans lesquels, confortablement installés, nous bâfrerions aliments, images et son hermétiquement préservés sous cellophane. Dehors la nouvelle plèbe : loubards, terroristes, virus, pluies chimiques, nuages radio-actifs. Dedans : fosse de Babel aseptique. Et cela s'appelle, bon sang mais c'est bien sûr, la société de communication...

Exagération science-fictionnelle ? Puissions-nous en être sûrs. Les métastases sidaïques qui ont commencé de frapper au cœur des grandes cités de la planète ne sont pas invincibles : entre peste et tuberculose, celle-ci a déjà vu des millions de morts joncher son sol, avant que les fléaux ne soient vaincus par les savants, ces singuliers aiguilleurs du ciel. Mais nos générations pensaient avoir suffisamment souffert des horreurs de la guerre pour ne plus connaître collectivement celles de la contamination. Et voilà un nouveau cheval de Troie silencieusement introduit au plus profond des individus, qui dégorge sans discontinuer ses agents désinformateurs, déprogrammeurs et déstabilisateurs. En attendant que nous trouvions la parade définitive, ils détruisent. Et tout change.

Nous aussi. Nous y sommes obligés. Le nucléaire, le terrorisme et la pollution passaient littéralement par-dessus nos têtes et ne nous procuraient, à chacune de leurs manifestations, que la mesure ouatée de nos impuissances et de nos renoncements. Impossible, avec la présence du virus, de faire comme si de rien n'était : qu'il le veuille ou non, chaque être humain en âge d'aimer est peu ou prou placé devant ses responsabilités, son instinct de survie et la mise en question de sa manière d'agir. Le rétro-virus signe l'introduction de la tragédie grecque dans le roman de la vie quotidienne. Si, comme disait Malraux, la mort transforme la vie en destin, il n'est pas complètement aberrant de faire en sorte que cette métamorphose survienne le plus tard possible, si les hasards et la Providence sont bien disposés.

Il ne s'agit donc plus de se réfugier, assommé de terreur, dans son abri anti-atomique, mais de vivre d'autant plus fort, plus intense, plus multiple que la mort guette aux plus intimes ouvertures. Grâce au sida, nous ne pouvons plus dormir sur les lauriers plus ou moins défraîchis de nos routines sexuelles, séductrices, cohabitationnistes ; nous n'avons même plus les moyens de nous contenter d'être les fonctionnaires de nos vies privées, gentils thésaurisateurs d'un capital affectif et/ou libidinal que nous laissons fructifier ou se déprécier vaille que vaille, au gré de nos grandes paresses ou de nos petites lâchetés.

En attendant le sérum salvateur, la résistance s'organisera victorieusement chez les plus sensibles, les plus imaginatifs, ceux qui auront pris la juste mesure du danger et de ses armes, ceux qui feront de chacun de leurs pores un lieu de fête, de chaque image un film, de chaque son une symphonie, de chaque moment un état de grâce. Michaux, encore lui : « Le phallus en ce siècle devient doctrinaire. » Il serait peut-être temps, sans oublier cet organe essentiel, de faire prendre à la « doctrine » tous les chemins de traverse envisageables : on abat plus difficilement un homme qui court qu'une érection immobile. Il faut en finir définitivement avec le monothéisme de la pénétration considérée comme seule voie d'accès à l'orgasme véritable, avec l'éjaculation soi-disant illégitime si elle ne se produit pas dans l'un des vases consacrés, et surtout avec la monotonie inadmissible des positions acquises une fois pour toutes, et qui sont autant de synonymes de l'ennui.

Médecins et experts ne cessent de le répéter : il n'y a pas de fatalité dans cette nouvelle situation. Il n'y a pas non plus, pour le moment, de vaccin. Tout dépend de nous. De chacun d'entre nous. Les révolutions intimes commencent toujours dans la chambre à coucher. Dans ce lieu où devrait souffler en permanence l'esprit le plus inventif — puisqu'à la portée de tous — tâchons tout de même, tâchons surtout, de nous emmerder le moins souvent possible.

Nous dormions : coïts garantis

par la sexualité sociale, cynisme de bon ton devant les misères du temps, résignation à la connerie planétaire du moment que ses effets ne nous concernaient pas. Pour le reste : grandes vacances et petites oboles, métro, boulot, dodo et dragues faciles, passions parties sans laisser d'adresse, et intrigues alpinisantes pour l'ascension sociale.

Aujourd'hui, enfin, les difficultés commencent : le séisme a eu lieu, et les ondes de choc commencent à peine à déferler. Comme disait admirablement Tristan Bernard quand il fut arrêté par les nazis : « Nous vivions dans la peur. A présent, nous allons vivre dans l'espoir. »

20

Dix ans : le temps, pour l'Histoire de cligner de l'œil. Et pour nous de commencer à mesurer l'impact d'un processus possible de débanalisation et de reculpabilisation du sexuel. Le laisser-faire, laisser-aller, aura duré trente ans à peine, pendant lesquels le sentiment ni l'amour n'avaient heureusement disparu, renforcés au contraire qu'ils étaient par la plénitude scintillante d'orgasmes toujours heureux et enfin innocents. La morale de la libération des mœurs s'est heurtée de plein fouet à la certitude désormais établie du poison mortel, contre lequel il faut apprendre à vivre avant qu'il ne soit trop tard. Et c'est précisément ce danger d'un véritable génocide qui ramène les brebis les plus égarées, les loups les plus avides, au bercail d'une sentimentalité qui apparaît comme l'une des rares terres fermes sur laquelle nous puissions avancer. Qui eût cru, il y a encore quelques années, qu'un rétro-virus inconnu volât malgré lui au secours de la tendresse, ainsi définie par Barthes : « Je te désire, un peu, légèrement, sans vouloir rien saisir tout de suite » ? Bien des choses vont se jouer sur ce « un peu », ce « légèrement », cette réserve prolongée qu'il s'agit de remplir de toutes les couleurs de l'émotion. « Parler amoureusement, c'est dépenser sans terme, sans crise ; c'est pratiquer un rapport sans orgasme. Il existe peut-être une forme littéraire de ce coïtus reservatus : c'est le marivaudage. » Parlons donc. Longuement. Avec tous les mots de tous les dictionnaires, y compris ceux de ses rêves.

A l'horizon des statistiques funestes et des maladies inconnues, apparaissent déjà les hautbois, les violes, et les flûtes de l'amour courtois, celui que définissait ainsi Marguerite Duras : « Les "amants" de Madame de La Fayette et ceux de l'amour courtois, il leur était ordonné de l'extérieur, du seigneur ou du prince, sous peine de mort, de ne pas se connaître autrement que par la pensée. Tandis que dans ce curieux martyre décidé parfois par les amants de notre temps, il s'agit d'une instance spirituelle hautement réfléchie mais par eux seuls et consentie de même par eux seuls. Cela pour tenter d'ouvrir une voie à la durée de la passion, la retenir de fuir ailleurs[1]. »

Il m'étonnerait que cette forme de « martyre » se généralisât. Mais comment ne pas voir que l'aventure de l'esprit jouera, en matière amoureuse, un rôle au moins aussi important que l'esprit d'aventure ? Que l'on s'en réjouisse ou qu'on le déplore, nous assistons à la caducité progressive de toute une culture « assignée à l'impératif sexuel », selon l'expression de Baudrillard.

1 In *Le Nouvel Observateur*.

LE PARTI

Qu'éclatent donc les sensualités les plus diverses et les plus dispersées, que la célébration de chaque sens devienne jouissance, que tout — lèvres mouillées, gorgées de vin, lucioles phosphorescentes sur le fleuve Mékong, guitares électriques à Bercy, arpents de neige, odeur de ta peau, tapis de fourrure et feu de bois — soit prétexte à fête.

Puisque l'on connaît les canaux qu'emprunte HIV pour mener à bien ses carnages, bloquons-les autant que faire se peut ; élevons partout des digues, des écluses, des barrages. Après tout, la passion n'est pas un si mauvais matériau de construction. Et le sentiment moins capricieux que la semence.

Surmonter enfin l'imbécile contradiction qui fait du sentimental et du sexuel d'irréductibles antagonistes. Faire l'amour sans amour n'est pas une calamité, mais peut parfois laisser un goût amer de romance sans paroles, tressaillement d'une nuit entre deux inconnus qui ont couché ensemble plus par nécessité « d'assurer » que par désir profond. Aimer sans faire l'amour s'inscrit sur le registre immense des passions répertoriées, mais peut engendrer des peines non négligeables. Nulle prétention, ici, d'inventorier les mille et une figures de ce qui peut se passer entre deux personnes qui s'aiment ; d'autres — et avec quel génie — l'ont écrit, chanté, filmé. Mais les présentes retrouvailles de l'amour avec le risque résonnent comme un étrange avertissement ; à l'aube de l'an 1000, selon la légende répandue par Michelet, des cohortes éperdues erraient sur les routes, fuyant l'Apocalypse annoncée pour bientôt ; à l'orée de l'an 2000, des millions d'hommes et de femmes se demandent comment protéger leur territoire intime, arraché après des siècles de lutte aux forces de l'obscurantisme, de la répression interne, et de l'autocensure considérée comme pulsion nécessaire.

Le péril, ô combien réel, incite à la co-naissance. La délicieuse tourmente de l'anonymat des corps ne suffit plus : besoin de parler du passé, des rencontres, des amours anciennes, des bonheurs et des déceptions. La personne en face de moi ne peut plus être, dans le temps réel de notre rencontre, qu'un sexe, une bouche, des mains, une peau ; les entreprises libertines les plus compliquées, qui pouvaient faire de l'autre un objet taillable et corvéable de nos jouissances cérébrales, exigent, si elles veulent se perpétuer, une communication forte, interactive, soutenue.

Passage de la ligne : l'aventure se doit désormais de s'accomplir les yeux grands ouverts. Toute rencontre inopinée entre deux êtres susceptibles d'élaborer, à plus ou moins brève échéance, une construction amoureuse et désirante, se voit aussitôt chargée d'un pouvoir explosif, jusqu'ici inconnu : celui de s'autodétruire par élimination des partenaires, sans que ceux-ci y puissent rien. Dans ce bar, sur cette terrasse, dans ce cocktail, à ce dîner, il y a au moins une grenade dégoupillée, une charge de TNT au mécanisme d'horlogerie déjà enclenché, un revolver au cran de sûreté déjà ôté. Chacun en prend vaguement conscience, et questionne malgré lui son désir de se jeter à corps perdu dans une aventure aux lendemains qui hurlent à la mort.

Le risque nous contraint, en tout état de cause, à une réévaluation essentielle, non seulement de nos travaux d'approche, mais bien de nos modes d'être à l'autre. L'autoroute de la satisfaction immédiate va se vider au profit des chemins de traverse d'une stratégie amoureuse en forme de signes de piste. La Carte du Tendre s'élargira aux dimensions de la planète, et au temps explosé et divisé des collectionneurs se substituera le temps apaisé et prolongé des marivaudeurs du corps et des sentiments.

Et que l'on ne nous bassine surtout pas avec la morne antienne du retour à l'amour unique, au couple,

à la fidélité, et autres calembre-
daines pour sacristains moralisateurs. Le grand amour n'a jamais
cessé d'exister, ni le couple, ni la
fidélité : simplement, le combat
pour la liberté individuelle exigeait
que ces états d'âme et de cœur ne
fussent plus subis, mais choisis ;
plus imposés par une dictature
moyenâgeuse ou des oukases cléri-
caux, mais par une démarche
volontaire et épanouissante. Que
les chevaliers à la triste figure, les
croisés de la répression intime ne se
réjouissent pas trop vite, et ne
saluent pas la venue du virus
comme une certitude du retour à un
ordre moral qui n'a jamais existé
que dans l'hypocrisie majeure de
ses tenants, transgressé qu'il était
en permanence, au fil des siècles,
par tous ceux qui en avaient les
moyens financiers ou hiérar-
chiques. Le sida ne signe pas le
retour à l'abstinence, mais à la prudence. Que je sache, il ne s'agit pas
de la même chose. Les amants
romantiques ne devront pas moins

se protéger que les semeurs libertins ; et si la probabilité de contamination est plus forte chez ceux-ci, rien ne dit que les premiers seront épargnés. Que s'arrête donc la sinistre et millénaire comédie dont on veut aujourd'hui nous présenter un remake éculé. Syphilis-SIDA, même combat : à cinq siècles de distance, si l'air a changé, les paroles demeurent. Peur et superstition n'ont jamais guéri personne, ni empêché quiconque de tomber malade.

Aujourd'hui comme hier, comme demain, il n'y a que l'amour qui gagne. Même et surtout si sa victoire est forcément éphémère. Comme l'écrit le sociologue italien Francesco Alberoni : « Les faits montrent... que notre sexualité se manifeste tantôt d'une façon ordinaire, quotidienne, tantôt d'une manière extraordinaire, discontinue, au cours de moments particuliers, qui sont ceux de l'amour naissant et de l'amour passionné exclusif. La sexualité ordinaire, qui s'apparente à la faim et à la soif, nous accompagne lorsque notre vie se déroule uniforme, tel le temps linéaire de l'horloge.

La sexualité extraordinaire se manifeste, au contraire, lorsque l'élan vital recherche des voies nouvelles et différentes. La sexualité devient alors le moyen grâce auquel la vie explore les frontières du possible, horizons de l'imaginaire et de la nature... Cette sexualité est liée à l'intelligence, à la fantaisie, à l'enthousiasme, à la passion, elle est inséparable d'eux[1]. »

L'état présent des lieux du corps nous conduit à rechercher, plus ou moins consciemment, cette sexualité « extraordinaire » comme gage de santé et de vie, rejetant de plus en plus le sexe-kleenex, non par moralité et encore moins par jugement de valeur, mais en raison de la multiplicité des risques encourus. Résoudre par le haut, dans un grand élan vécu simultanément par la tête, le cœur et le sexe, le faux

1 *Le choc amoureux*, Ramsay.

conflit du sentiment et de la pulsion paraît être l'une des tâches les plus urgentes à accomplir.

Paradoxe des paradoxes : le virus fou nous ramène à l'amour fou. A refuser de plus en plus la routine sexuelle, le manque d'imagination, le « ce n'est pas que j'ai spéciale-ment envie de coucher, mais je n'ose pas dire non de peur que le type me prenne pour une allu-meuse », ou encore le « depuis le début du mois, je m'en suis tapé six ». Encore une fois, il ne s'agit ni de condamner, ni de disqualifier une manière d'être au monde qui consisterait à consacrer au coït une bonne partie de ses énergies, mais de montrer une évidence qu'un quart de siècle de papillonnages légitimes avait fini par faire oublier : à savoir qu'il faut du temps pour jouir, du temps pour connaître, du temps pour découvrir tout ce qui vous (et lui) fait plaisir. « Le plaisir, écrivait Roger Vail-land, c'est comme un métier ; cela s'apprend. Mais peut-être faut-il commencer jeune. » Les précautions, elles aussi, s'apprennent. Mais peut-être faut-il être très amoureux, et très exigeant. A l'heure du HIV ravageur, un proverbe surnage : qui trop embrasse mal étreint. Le Sentiment amoureux n'est peut-être pas un vaccin suffisant : mais il contribue puissamment à faire le tri. Dans la loterie internationale du sexe et de la mort, les passionnés monogames ont plus de chance de tirer le bon numéro.

Alberoni, encore : « ... Les sondages servent aussi à nous tromper. Ils nous trompent en nous faisant croire que nous pouvons être plus heureux si nous passons, par exemple, de quatre à dix rapports sexuels, en les prolongeant si possible et, ce qui paraît encore plus excitant, en variant les partenaires. Ils nous trompent car, lorsque nous sommes plongés dans la sexualité ordinaire, le fait d'avoir des rapports avec la même personne ou avec quatre-vingt-dix-huit autres différentes ne change rien. Ceux qui l'ont essayé le savent, parce qu'ils l'ont expérimenté juste au moment où ils voulaient remplacer l'unique personne qui, seule, aurait pu leur apporter la plénitude et la paix, au cours de ces intervalles de temps qui, du point de vue subjectif, sont des instants d'éternité. »

FANTASMEZ-VOUS

Victoire : l'imaginaire est à l'ordre du jour. Quand toutes les issues sont bouchées, on en invente d'autres, marmonnait déjà le père Sartre. Et regardez : les parures reviennent, et les lingeries les plus coquines, les rouges à lèvres les plus audacieux, les maquillages les plus dignes de clameur. On a eu peur, on a accusé le coup, on a pris des précautions, mais basta. Arrêtons de gémir. Ne devenons pas fœtus apeurés cocoonant désespérément dans des ventres équipés. Cessons la masturbation high tech et la communication à porte blindée. Descendons dans la rue et mêlons-nous à tous les signaux d'appel de la séduction et de la rencontre. Ecumons les boîtes où les créatures les plus extraordinaires réinventent, chaque nuit, le plaisir chamarré d'être. Jamais les boutiques où l'on vend des dessous en vinyl, des porte-jarretelles bouleversants, des chaînes cloutées et des cuissardes noires d'émotion n'ont été si fréquentées ; jamais les diseurs de bonnes aventures et les comiques au long cours n'ont été aussi courus. Lautréamont écrivait que la poésie sera faite par tous ; aujourd'hui, à l'heure des grands risques, le théâtre se joue partout, dans des rituels plus ou moins compliqués, d'audacieuses créations de situations, des jeux de rôle où les ballets du plaisir cérébral se donnent libre cours. Tel organisera un dîner avec ses quinze dernières maîtresses à qui il offrira les roses rouges de leurs fantasmes préférés ; telle organisera avec beaucoup d'application un repas d'affaires avec son mari et son amant afin de favoriser une joint venture, cependant que pieds et mains s'égareront sous la table.

La révolution paradoxale a

commencé. Puisque rien n'est permis, toute métaphore sera incarnée. Puisque la mort guette au détour du sexe, celui-ci empruntera les voies les plus diverses, les plus étranges et les plus inusitées de la cérémonie secrète. Châteaux et donjons essaiment à travers le pays, qui offrent, certains soirs, à des couples triés sur le volet, les joies et les souffrances de la maîtrise et de la soumission ; des dizaines d'appartements tout ce qu'il y a de plus bourgeois, voire même prolétaires, se transforment, l'espace d'un week-end, en boudoirs où sévissent les plus ludiques des philosophies. Les sioux métropolitains prennent le temps nécessaire de se harnacher, se pomponner, se bichonner et se sexuer avant d'emprunter les sentiers de la guerre amoureuse, nocturne ou sentimentale. Les bons restaurants ne désemplissent pas, et ceux qui sont passés maîtres dans l'art de confectionner de bons repas sont plus pourchassés que Don Juan et Vénus. Magie du bon vin et de la bonne herbe, des pulsations musico-électroniques qui font vibrer corps et organes à cinq cent mille volts, bains de mousse vivifiants emplissant la discothèque de l'aube alors que la Traviata de Verdi a succédé au rythme d'enfer de Guns'N'Roses. Plus que jamais, on s'épie, on se guette, on se drague, on se pourchasse, on se séduit, on se perd, on se retrouve. La comédie du plaisir des sens se joue à guichets fermés, en dépit des risques d'incendie signalés régulièrement par les gazettes. Plus : la proximité même du danger galvanise les énergies et échauffe les imaginations. Puisque la Carte du Tendre est devenue terrain miné, puisque la rencontre de deux épidermes peut provoquer des cataclysmes non encore maîtrisables, les militants du parti d'en jouir se savent condamnés à la sollicitation toujours plus exigeante de leurs imaginaires. Il faut désormais prévoir à la fois la lance et la cotte de mailles, l'épée et le bouclier sans jamais dissocier l'arme qui tue de la paroi qui protège. Entre la merde et les étoiles, nous avons choisi et ne nous laisserons plus jamais engluer par la peur. Malraux, encore et toujours : « Une vie ne vaut rien, mais rien ne vaut une vie. » Notre programme politique est de la défendre, hier, aujourd'hui et demain avec la farouche détermination de ne rien laisser s'immiscer entre l'image que nous nous faisons du bonheur et sa réalisation qui ne dépend, en définitive, que de nous. Et que ceux qui n'ont jamais péché crèvent d'ennui : ils le méritent. Et que ceux qui ne se sont jamais ouverts aux autres périssent étouffés : ils l'ont cherché. Le physique a ses limites que le mental peut reculer sans cesse, et chacun doit savoir qu'aucune autorité au monde ne peut se substituer à son désir d'aller, en soi comme à l'extérieur, à la recherche éperdue de l'or du temps que chacun a le devoir de définir comme il l'entend. Face à l'état d'urgence instauré par tous

LE PARTI

les castrateurs de la planète, le parti
d'en jouir décrète l'état de jouissance ininterrompue. Avec le virus,
comme avec les ayatollahs, les dictateurs et les oppresseurs, nous
jouerons à qui perd gagne. Et
chaque instant de vraie vie
conquise sur le néant sera pierre
blanche dans les prairies irradiées
par les doux atomes de nos souvenirs.

Ce volume,
le douzième
de la collection « Iconoclastes »
publiée aux Editions Les Belles Lettres
a été achevé d'imprimer
par l'Imprimerie F. Paillart
à Abbeville
en mars 1992.

N° d'éditeur : 2927
N° d'imprimeur : 8247
Dépôt légal : mars 1992